Emanuel Swedenborg

La nouvelle Jérusalem et sa doctrine céleste

Précédé d'une notice sur Swedenborg
Par E. A. Sutton

NOTICE SUR
EMANUEL SWEDENBORG

Dans le cours de l'automne 1710 un petit vaisseau, venant de Suède et se dirigeant sur Londres, fut surpris par une brume épaisse près de la côte anglaise, et faillit s'échouer sur un banc de sable. La quille n'étant plus qu'à un quart de toise du fond, tout le monde à bord se crut perdu. Mais à peine ce péril était-il conjuré, que le navire fut abordé par un corsaire. Le lendemain, un garde-côte anglais, croyant avoir affaire au corsaire, tira sur le bâtiment suédois. Enfin, passagers et équipage reçurent l'ordre de rester à bord pendant six semaines, car une nouvelle, parvenue à Londres, rapportait que la peste avait éclaté en Suède.

Soit qu'il ait ignoré cet ordre, soit qu'il n'en ait pas tenu compte, un jeune passager suédois céda aux instances de quelques compatriotes qui s'étaient approchés du navire sur un yacht et débarqua avec eux. Une enquête eut lieu et le jeune imprudent échappa de justesse à la potence.

C'est ainsi qu'après avoir été quatre fois en danger de mort, Emmanuel Swedenborg commença son premier voyage à l'étranger.

Il était alors âgé de vingt-deux ans. Il avait terminé ses études à l'Université d'Upsal et s'était embarqué pour une série de voyages qui devaient durer quatre ans.

Swedenborg naquit le 29 janvier 1688. Ses ancêtres, depuis plusieurs générations, étaient dans l'industrie minière. Son père, Jesper Swedberg, était un homme d'une grande piété. Après avoir exercé successivement la charge de chapelain à la cour, de professeur et de doyen à l'université d'Upsal, il fut nommé évêque de Skara en 1702.

Dès son arrivée en Angleterre, Swedenborg se jette avec ardeur dans l'étude des sciences mathématiques et physiques, et saisit toutes les occasions possibles de nouer des relations avec les sommités scientifiques de l'époque. Il se fait un devoir d'adresser des publications, des instruments et des rapports aux différentes sociétés savantes de sa patrie. De retour à Stockholm, après avoir séjourné en France, en Hollande et en Allemagne, il s'applique à l'étude des mines et des sciences connexes. Le perfectionnement de l'industrie nationale lui apparaît alors comme le meilleur moyen de servir sa patrie. En 1716, à l'âge de vingt-huit ans, il est nommé assesseur au Collège Royal des Mines, à Stockholm, poste officiel qu'il devait occuper trente ans. Après s'être pleinement familiarisé avec les méthodes employées en Suède, il quitte de nouveau son pays pour étudier les procédés techniques en usage à l'étranger. Le journal qu'il écrivit au cours de ce voyage d'études témoigne de son esprit de recherche et de la variété de ses intérêts scientifiques. On y trouve une description minutieuse des méthodes employées dans l'industrie minière et métallurgique de l'Allemagne du XVIIIe siècle.

Les premières monographies écrites par Swedenborg sont consacrées surtout aux mathématiques, aux richesses minérales de la Suède et aux possibilités de perfectionnement des arts et manufactures de son pays. Il publie, en 1718, le premier traité d'algèbre écrit en suédois. Il fait aussi paraître quelques traités sur la monnaie (1719 et 1722), sur la construction de bassins et de canaux, sur le mouvement de la terre et des planètes, ainsi qu'une nouvelle méthode pour déterminer la longitude et un exposé consacré à la découverte des filons métalliques. Il obtient divers congés au Collège des Mines afin de pouvoir mener à bien certaines entreprises spéciales. Lors du siège de Frederikshald, en 1718, c'est sous sa direction que deux galères, cinq grosses chaloupes et une corvette sont transportées par voie de terre, de Stromstad à Iddefjord, sur une distance de quatorze lieues anglaises.

Pendant cette période de sa vie, Swedenborg jouit de l'amitié constante de Charles XII. Son père, l'évêque Swedberg, était tenu en haute estime par les membres de la famille royale, et ce fut la reine Ulrique Eléonore qui, en 1719, anoblit Emmanuel, ainsi que ses frères et sœurs. Selon la coutume traditionnelle, cet honneur fut marqué par un changement du nom de famille, qui de Swedberg devint Swedenborg.

Les documents officiels figurant aux archives du Collège des Mines témoignent de l'activité intense et des mérites professionnels de Swedenborg. Toutefois, à mesure que le temps s'écoule, un changement se produit dans la nature de ses études personnelles. Son esprit s'oriente de plus en plus vers les problèmes d'ordre philosophiques. Déjà dans ses *Principia* (1733 et 1734) il avait formulé certaines théories nouvelles sur l'origine de la matière et la nature des forces magnétiques. Nous lui devons un premier et remarquable exposé de la théorie nébulaire. Alors qu'il était à peine âgé de trente ans, il s'était vu offrir la chaire d'astronomie à l'université d'Upsal, mais il avait décliné cet honneur, préférant se consacrer à d'autres travaux.

Ce fut au cours de ses études anatomiques et physiologiques que Swedenborg aborda franchement la philosophie, car son but était alors de découvrir l'âme humaine. Or, il était convaincu que le seul moyen d'arriver à des connaissances réelles sur la nature de l'âme, c'était d'étudier le « royaume » habité par elle, autrement dit le corps. Pour mieux atteindre ce but, il entreprend de nouveaux voyages, assiste à des cours théoriques et pratiques tant en France qu'en Italie, et se plonge dans l'étude des grands anatomistes. Il consigne le fruit de ses recherches dans deux ouvrages, l'*Économie du Règne animal* (1740 -1741) et le *Règne animal* (1744), sans parler d'une série d'œuvres posthumes.

Ce qui fait surtout la valeur de ses ouvrages anatomiques, c'est la pensée constructive et créatrice de l'auteur, ainsi que l'esprit dans lequel il a abordé son sujet. Qu'il parle du sang, des artères et du système nerveux, Swedenborg ne se contente jamais de simples descriptions. Au point de vue purement descriptif, ses recherches ne sauraient évidemment rivaliser avec celles d'une époque plus récente, infiniment mieux outillée que la sienne. Mais Swedenborg n'a pas son pareil dès qu'il s'agit d'interpréter avec intelligence les phénomènes examinés et d'en saisir la signification profonde.

Au cours de ses études, il se sent de plus en plus porté à admettre l'existence d'une correspondance, d'un rapport de cause à effet entre l'esprit et le corps. Il développe cette pensée plus longuement dans un manuscrit publié après sa mort sous le titre de *L'Âme ou la Psychologie rationnelle*. Quelle que soit la nature du principe qui régisse l'opération de l'âme sur le corps, Swedenborg est convaincu, qu'il s'agit d'un principe universel, présidant aux rapports qui existent entre le monde spirituel et le monde naturel, voire aux rapports entre Dieu et la création.

Swedenborg ne perdit jamais, au cours de ses longues études scientifiques, la foi simple de sa jeunesse, ni la piété dont il s'était imprégné au foyer familial ; au contraire, sa foi se fortifiait à mesure qu'augmentaient ses connaissances. Pour lui, les divers règnes de la nature, et plus particulièrement le corps et l'esprit de l'homme, sont autant de « théâtres » de l'activité divine. Le télescope, le microscope et le scalpel ne servent qu'à nous révéler de nouvelles merveilles de la sagesse et de la puissance du Créateur. Une « analogie universelle » existe entre les différents plans de la création. Le monde physique est un symbole du monde spirituel, et celui-ci, à son tour, un symbole de Dieu.

L'époque où il parvient à grouper ces idées en une synthèse philosophique cohérente marque un tournant décisif dans la vie de Swedenborg. Désormais, l'ingénieur, le savant et le philosophe s'effacent pour faire place au théologien. Ses études avaient fait naître en lui la conviction que l'univers n'existait qu'en vertu de l'Amour infini de Dieu et pour satisfaire cet amour. Une finalité suprême et divine gouverne l'ensemble de la création. La vie de l'univers, tant sur le plan physique que sur le plan mental ou spirituel, n'est autre chose que l'activité de l'Amour divin. Pour Swedenborg, la Vie et l'Amour sont identiques. L'univers est un ensemble ordonné, destiné à réaliser le but suprême que Dieu s'est proposé, à savoir la création de l'homme, seul être capable, grâce à son libre arbitre, de rendre à Dieu l'amour qu'il en reçoit continuellement.

A partir de 1745, Swedenborg consacre sa vie à la théologie. S'étant démis de ses fonctions au Collège des Mines, il s'absorbe dans l'étude de la Bible, et en scrute les textes dans leurs langues originales. Les archives du Collège Royal des Mines contiennent, dans les procès-verbaux de l'année 1747, la mention suivante :

« Le 15 juin, M. l'assesseur Emmanuel Swedenborg a fait parvenir au Collège des Mines le décret royal, en vertu duquel il a été relevé de ses fonctions au dit Collège Royal, tout en conservant, pour le restant de ses jours, la moitié de son traitement d'assesseur. Tous les membres du Collège Royal ont vivement regretté le départ d'un collègue aussi estimé, et l'ont prié de vouloir bien continuer d'assister aux séances du Collège, jusqu'à ce qu'une décision soit prise sur toutes les questions dont l'examen avait commencé en sa présence, ce à quoi M. l'assesseur a bien voulu donner son assentiment. »

Il n'est pas possible de donner une idée adéquate de l'enseignement religieux de Swedenborg en rattachant celui-ci à l'une des écoles traditionnelles de la pensée chrétienne. La source de ses idées ne doit être recherchée, ni dans les travaux de ses prédécesseurs, ni dans les idées de son siècle. Il ne fréquenta aucune école de théologie. Pour bien comprendre sa position, il faut prendre en considération ses propres affirmations, affirmations solennelles qu'il a maintenues inébranlablement durant toute la seconde partie de sa vie. Voici ce qu'il écrivit dans la préface des *Arcanes célestes,* son premier et plus important ouvrage d'exégèse :

« Par la Divine Miséricorde du Seigneur, il m'a été accordé maintenant depuis quelques années d'être constamment et continuellement dans la société des esprits et des anges, de les entendre parler et de m'entretenir avec eux. Ainsi, il m'a été donné d'entendre et de voir les choses merveilleuses se passant dans l'autre vie et qui ne sont jamais venues encore à la connaissance, ni même à l'idée d'aucun homme. Là, j'ai été renseigné sur les différentes espèces d'esprits, sur l'état des âmes après la mort, sur l'enfer ou l'état lamentable des infidèles, sur le ciel ou l'état bienheureux des fidèles, et plus particulièrement sur la doctrine de la foi qui est reçue dans le ciel universel. »

Cette affirmation remarquable, nous la retrouvons dans tous les ouvrages théologiques de Swedenborg. Cependant, elle n'a pas poussé l'auteur à fonder son enseignement sur de simples assertions dogmatiques. Swedenborg s'est, au contraire, toujours efforcé de montrer que ses doctrines sont rationnelles et qu'elles sont clairement impliquées dans l'Écriture Sainte. Nous nous trouvons en présence d'un corps de doctrines que Swedenborg déclare avoir reçu de Dieu, avec mission de les faire connaître aux hommes. Jetant un regard rétrospectif sur sa première activité scientifique et philosophique, Swedenborg a compris que ses travaux antérieurs l'avaient providentiellement préparé pour sa mission spirituelle. Dans une lettre adressée à Œtinger (1766), il écrit :

« Pourquoi, étant philosophe, ai-je été choisi ? Il faut en chercher la raison dans le fait que les choses spirituelles qui sont révélées maintenant, doivent être enseignées et comprises naturellement et rationnellement, car les vérités spirituelles correspondent aux vérités naturelles. Pour cette raison j'ai d'abord été introduit par le Seigneur dans les sciences naturelles et ainsi préparé, de 1710 jusqu'en 1744, date à laquelle le ciel me fut ouvert. »

Son introduction dans le monde spirituel était nécessaire à la mission qu'il devait accomplir, car il devait convaincre les hommes de la réalité de ce monde. Pour cela, il fallait qu'il sût, par expérience, que l'homme est immortel et qu'il conserve toutes ses facultés et toutes ses qualités humaines après la mort de son corps. Le monde spirituel nous entoure et constitue le milieu au sein duquel nous vivons quant à notre esprit. La mort physique met un terme à l'existence de l'homme sur terre, et le rend conscient des réalités de l'autre vie.

Dans son livre sur *Le Ciel et l'Enfer* (1758), Swedenborg décrit le monde spirituel et en explique la nature et l'organisation. Dans ce monde, dit-il, se trouvent tous ceux qui ont vécu sur la terre depuis qu'elle existe. Mais l'humanité n'y revêt pas l'aspect d'une masse immense et amorphe ; elle est au contraire organisée en groupements ou en sociétés, dont chacune est caractérisée par des affections distinctes et une vie de qualité différente. C'est la qualité particulière de l'amour ou de la volonté qui réunit ceux qui sont dans une disposition semblable. Telle est la raison pour laquelle Swedenborg enseigne que la vie future de l'homme est déterminée par la vie qu'il mène ici-bas. Le jugement qui attend chaque homme et chaque femme ne doit pas être considéré comme un châtiment ou comme une récompense. En effet, c'est par l'exercice même du libre arbitre qu'il a reçu de Dieu que l'homme est attiré vers les communautés dont le caractère et la vie sont conformes aux siens. Le « grand abîme » qui sépare le ciel de l'enfer, n'est autre chose que l'antagonisme qui existe entre l'amour infernal, ou l'amour de soi, et l'amour céleste, qui est l'amour de Dieu et du prochain.

Bien que *Le Ciel et l'Enfer* ne soit pas un des plus volumineux parmi les ouvrages théologiques de Swedenborg, son apparition a marqué le début d'une ère nouvelle dans la pensée religieuse et philosophique de l'humanité. Aucune reconstruction de l'édifice théologique ne saurait être durable, si elle néglige cette révélation de la destinée de l'homme et des réalités invisibles qui constituent l'arrière-plan spirituel des événements terrestres. Le voile qui, pendant tant de siècles, a recouvert les vérités ayant trait à la vie future de l'homme, a été déchiré. La place exacte que l'univers physique occupe dans l'économie de la création a été clairement définie et ramenée à ses justes proportions : Il n'est que la matrice où se forme la vie véritable et éternelle de l'homme.

Si Swedenborg a joui de certains privilèges spirituels, ce fut, comme il l'a dit, en vue d'un but clairement défini. Il nous présente sa mission comme faisant partie du plan que Dieu a conçu pour le salut de la race humaine. L'humanité a passé par un certain nombre d'étapes distinctes ou d'époques spirituelles caractéristiques. Chacune de ces ères religieuses a bénéficié, sous une forme ou sous une autre, d'une révélation divine adaptée à son caractère et à ses besoins. Dieu a suscité les anciens patriarches et leur postérité. Dans sa Providence, Il les a guidés afin que, par eux, le culte du seul vrai Dieu fut établi et préservé sur cette terre, et aussi afin qu'une révélation écrite, venant de Dieu, puisse exister à jamais parmi les hommes. L'Incarnation de Dieu a ouvert une ère nouvelle dans l'histoire de l'humanité. Le Seigneur Jésus-Christ, dans sa vie sur terre, était Dieu Lui-même rendu accessible aux hommes grâce à la forme humaine qu'Il a revêtue en naissant parmi eux. La vérité communiquée aux évangélistes par inspiration, et consignée par eux dans les Évangiles et dans l'Apocalypse, représente une nouvelle dispensation de lumière spirituelle, que les générations plus anciennes n'eussent pu recevoir.

L'importance du message de Swedenborg réside dans son affirmation que nous nous trouvons au début d'une nouvelle ère religieuse. La pureté et la simplicité de la foi chrétienne primitive se sont évanouies. La Providence Divine se dispose à créer un monde nouveau, à infuser aux hommes un esprit nouveau et à instaurer une Nouvelle Église, dont la foi fera tomber les anciennes barrières dogmatiques et finira par servir d'inspiration à l'humanité entière.

En effet, les déclarations les plus hardies et les plus étonnantes que nous trouvons sous la plume de Swedenborg ont trait à l'instauration de cette nouvelle époque spirituelle. Voici comment il s'exprime dans *La Vraie Religion Chrétienne*, le dernier ouvrage théologique qu'il a publié :

« Puisque le Seigneur ne peut se manifester en Personne… et que cependant Il a prédit qu'Il viendrait instaurer une Nouvelle Église qui est la Nouvelle Jérusalem, il s'ensuit qu'Il doit le faire par l'intermédiaire d'un homme qui puisse non seulement recevoir les doctrines de cette église dans son entendement, mais aussi les publier par la presse. Que le Seigneur s'est manifesté devant moi, son serviteur, et m'a chargé de cette fonction et qu'ensuite Il a ouvert la vue de mon esprit, et m'a ainsi introduit dans le monde spirituel, et m'a donné de voir les cieux et les enfers et aussi de converser avec les anges et les esprits, et cela continuellement depuis de nombreuses années, je l'atteste comme étant la vérité. J'atteste également que depuis le premier jour de cette vocation je n'ai reçu d'aucun ange rien de ce qui concerne les doctrines de cette Église, mais que j'ai tout reçu du Seigneur seul, pendant que je lisais la Parole[1]. »

Le Second Avènement du Seigneur n'est pas une simple répétition du Premier. Contrairement à l'opinion générale, il n'implique pas une nouvelle Incarnation. Mais, comme le Premier, il suppose l'instrumentalité d'un être humain et fini. Ainsi l'Ordre divin est respecté. Ce fut également en conformité avec les lois de l'Ordre que l'Incarnation de Dieu se fit par l'intermédiaire de la Vierge Marie. Les hommes ne furent pas violentés dans leur foi par l'apparition soudaine et spectaculaire de Dieu parmi eux; leur foi fut, au contraire, éveillée graduellement, lorsque, après avoir écouté les paroles du Seigneur et contemplé ses œuvres, ils le reconnurent comme Dieu Incarné.

«Dans son Second Avènement», dit Swedenborg, «le Seigneur ne revient pas en Personne, mais dans la Parole qui procède de Lui, et qui est Lui-Même[2]. »

«Pour que le Seigneur puisse être continuellement présent, Il m'a dévoilé le sens spirituel de sa Parole, dans lequel le Divin Vrai est dans sa lumière, car c'est dans cette lumière qu'Il est continuellement présent[3]. »

Dans le premier chapitre de *La Nouvelle Jérusalem et sa Doctrine Céleste*, Swedenborg montre comment le sens littéral de l'Écriture sainte contient un sens spirituel, sens dont il a été chargé de révéler la nature. Comme exemple, il a choisi la Cité sainte, descendant du ciel d'auprès de Dieu, telle que l'apôtre Jean l'a décrite dans sa vision. Comprises dans leur sens naturel, les paroles employées par l'écrivain sacré donnent des détails concernant la pensée spirituelle et la vie religieuse qui caractériseront la Nouvelle Église sur le point d'être instaurée ici-bas. De même que la Nouvelle Jérusalem fut vue «descendant du ciel d'auprès de Dieu», de même l'ensemble des vérités spirituelles, appelées à instruire et à éclairer l'humanité, provient d'une source entièrement divine, puisque ces vérités sont implicitement contenues dans la Parole.

Dans le reste du livre, Swedenborg expose brièvement les principaux enseignements contenus dans ses autres écrits théologiques. Ces doctrines ne s'adressent pas seulement à l'entendement de l'homme, mais aussi à sa volonté et à sa vie. Puisque la nature essentielle de Dieu est l'Amour, l'enseignement de Swe-

---

[1] La Vraie Religion Chrétienne, 799.
[2] Vraie Religion Chrétienne, 776.
[3] Vraie Religion Chrétienne, 780.

denborg constitue une révélation de tout ce qu'implique ce terme, et par conséquent aussi une révélation des moyens par lesquels cet amour peut être implanté dans le cœur de chacun, en vue de transfigurer la vie humaine de la collectivité. «Toute religion est chose de la vie», dit Swedenborg, «et la vie de la religion consiste à faire le bien.» Si la *Doctrine Céleste* nous révèle tant de choses sur la nature spirituelle de l'homme, c'est qu'elle est tout entière dirigée vers un seul but, celui d'obtenir que les œuvres de l'homme découlent de plus en plus de cet amour que Dieu a implanté dans son cœur.

Seul le lecteur capable de discerner l'importance vitale et la solidité des enseignements de Swedenborg pourra juger de la valeur des déclarations que ce dernier a été amené à faire en tant que révélateur. Aujourd'hui comme il y a deux mille ans, le disciple fidèle répondra à celui qui hésite, qui s'étonne ou qui doute : « Viens et vois ».

Swedenborg mourut à Londres, le 29 mars 1772, au cours d'un de ses nombreux séjours en Angleterre. Pendant près de trente ans, il avait mené une vie tranquille et retirée, n'allant à l'étranger que pour s'occuper de la publication de ses ouvrages. Ceux qui le connurent le décrivent comme étant non seulement un grand savant, mais aussi un homme cultivé, de manières simples et d'un abord agréable. Il était gai en société, aimait les enfants et appréciait le commerce d'amis intelligents. Accessible à tout le monde, il sut conquérir l'affection de tous ceux qui eurent l'occasion de le connaître d'une manière plus intime.

Au printemps de l'année 1908, plus d'un siècle après sa mort, une frégate de la Marine Royale Suédoise quitta Dartmouth, en Angleterre, pour Carlskrona, en Suède, ayant à bord la dépouille mortelle de cet homme illustre, qui jusqu'alors avait reposé dans la crypte de la chapelle suédoise de Londres. Sa patrie voulut bien lui offrir une sépulture digne de lui et fit déposer son corps dans un sarcophage de granit rouge sous les voûtes de la cathédrale d'Upsal.

E. A. SUTTON

AVANT-PROPOS

« Cherchez premièrement le Royaume de Dieu et sa justice,
et toutes choses vous seront données par surcroît. »
(MATTH., VI, 33)

Dans l'édition originale, publiée en 1758, Swedenborg ajoute à la fin de chaque chapitre quelques extraits et références tirés de son ouvrage «Arcanes célestes». Il y expose plus en détail les mêmes sujets. Ces extraits et références ont été supprimés de cette édition, afin d'en faciliter la lecture. C'est ce qui explique la discontinuité dans la numérotation.

Le plus grand souci des traducteurs de la présente édition a été de reproduire exactement la pensée extrêmement précise de l'auteur. C'est la raison pour laquelle ils ont conservé les termes mêmes employés par Swedenborg. Le lecteur devra tenir compte du fait que la plupart de ces termes, qui dénotent des choses ou des rapports inconnus de lui jusqu'ici, ont acquis dans la langue courante un tout autre sens. C'est ainsi que Swedenborg emploie substantivement le mot «interne» pour désigner une région supérieure et intérieure de l'esprit humain, nettement distincte de «l'externe» qui en est la région inférieure ou naturelle. Il distingue également le rapport qui existe entre le Seigneur et l'interne de l'homme, d'avec celui qui existe entre le Divin et l'Humain du Seigneur. Le premier, qui est comparable à celui qui relie une force vive et l'organe qui la reçoit est désigné par le terme «conjonction», alors qu'entre le Divin et l'Humain du Seigneur qui ne font qu'Un, il y a «Union».

Les expressions telles que les «faux du mal» ou les «vrais du bien» désignent exactement, d'une part les vrais falsifiés dans l'entendement par un amour mauvais, et d'autre part les vrais réels perçus et pensés d'après l'amour du bien. Swedenborg ne parle jamais d'une manière abstraite. «Les biens» sont des «choses» de la volonté, qui sont reçues du Seigneur. Il différencie les biens du «vrai» et les «biens de l'amour». Les premiers sont le fruit de la réflexion d'un entendement sain et éclairé, la volonté consentant ou obéissant librement, parfois même en se contraignant; tandis que les «biens de l'amour» sont les choses bonnes que l'homme fait en quelque sorte spontanément, d'après une intuition ou perception intérieure.

Que le lecteur tienne compte du fait que l'humanité, plongée pendant tant de siècles dans les choses de ce monde, avait perdu la notion même des choses spirituelles. Il fallait bien de nouveaux termes pour désigner des choses nouvelles qui sont maintenant révélées.

LES TRADUCTEURS.

LE NOUVEAU CIEL ET LA NOUVELLE TERRE ; ET CE QU'IL FAUT ENTENDRE PAR LA NOUVELLE JÉRUSALEM

1.   Il est dit dans l'*Apocalypse* :

« Je vis un ciel nouveau et une terre nouvelle, car le premier ciel et la première terre avaient passé. Et je vis la sainte cité, la Nouvelle Jérusalem, descendant du ciel d'auprès de Dieu, parée comme une fiancée devant son époux. La cité avait une grande et haute muraille, avec douze portes, et aux portes douze anges et des noms inscrits, ceux des douze tribus d'Israël. Et la muraille de la cité avait douze fondements dans lesquels étaient douze noms, ceux des douze apôtres de l'Agneau. Et la cité avait la forme d'un carré ; sa longueur était égale à sa largeur. Il mesura la cité avec un roseau : elle avait douze mille stades ; sa longueur, sa largeur et sa hauteur étaient égales. Il mesura sa muraille et trouva cent quarante-quatre coudées, mesure d'homme, qui est mesure d'ange. La muraille était de jaspe et la cité d'or pur, semblable à du verre pur. Et les fondements de la muraille de la cité étaient ornés de pierres précieuses de toute espèce. Les douze portes étaient douze perles ; et la place de la cité était d'or pur, comme du verre transparent. La gloire de Dieu l'éclairait et l'Agneau était son flambeau. Les nations qui auront été sauvées marcheront dans sa lumière et les rois de la terre lui apporteront leur gloire et leur honneur[4]. »

L'homme qui lit ces paroles ne les entend pas autrement que d'après le sens de la lettre, à savoir que le ciel visible périra avec la terre ; qu'il existera un ciel nouveau ; que sur une terre nouvelle descendra la cité sainte de Jérusalem, dont les mesures seront conformes à la description ci-dessus. Mais les anges les comprennent tout différemment ; ils entendent spirituellement ce que l'homme entend naturellement ; et le sens qu'ils donnent aux choses est précisément ce que celles-ci signifient ; c'est là le sens interne ou spirituel de la Parole. Dans le sens interne ou spirituel, propre aux anges, « le nouveau ciel et la nouvelle terre » signifient une Nouvelle Église, tant dans les cieux que sur la terre. Il sera parlé un peu plus loin de cette Église dans l'un et l'autre monde ; par « la cité de Jérusalem, descendant du ciel d'auprès de Dieu », il faut entendre la doctrine céleste de

---

[4] Chap. 21: 1, 2, 1: 2 à 24.

cette Église ; par « la longueur, la largeur et la hauteur qui étaient égales » : tous les biens et tous les vrais de cette doctrine dans leur complexe ; par « sa muraille » : les vrais qui la défendent ; par « la mesure de la muraille, qui était de cent quarante-quatre coudées, mesure d'homme, qui est mesure d'ange » : tous ces vrais, dans leur complexe et leur qualité, qui la défendent ; par « les douze portes qui étaient des perles », de même que par « les douze anges aux portes » : les vérités qui introduisent ; par « les fondements de la muraille qui étaient ornés de pierres précieuses de toute espèce » : les connaissances sur lesquelles cette doctrine se fonde ; par « les douze tribus d'Israël », de même que par « les douze apôtres » : toutes les choses de l'Église, en général et en particulier ; par « l'or semblable à du verre pur dont la cité et la place étaient faites » : le bien de l'amour qui rend translucide la doctrine et ses vrais ; par « les nations qui auront été sauvées », et par « les rois de la terre qui lui apporteront leur gloire et leur honneur » : tous ceux de l'Église qui sont dans les biens et dans les vrais ; par « Dieu et par l'Agneau » : le Seigneur en tant que Divin-Même et que Divin-Humain. Tel est le sens spirituel de la Parole auquel le sens naturel, qui est celui de la lettre, sert de base. Néanmoins ces deux sens, le spirituel et le naturel, ne font qu'un par les correspondances. Mais ce n'est pas le moment de démontrer que toutes ces choses renferment un tel sens spirituel, ce qui n'est pas non plus le but de cet ouvrage. En effet, cette démonstration a été faite dans les « *Arcanes célestes* ».

2.   Avant de parler de la Nouvelle Jérusalem et de sa doctrine, il sera dit quelque chose du nouveau ciel et de la nouvelle terre. Dans l'opuscule intitulé : « *Le Jugement dernier et la Babylonie détruite* », il a été montré ce qu'il faut entendre par le premier ciel et par la première terre qui avaient passé. Après qu'ils eurent passé, et qu'en conséquence le jugement dernier eut été consommé, un Nouveau Ciel fut créé, c'est-à-dire formé par le Seigneur. Ce ciel a été formé de tous ceux qui, depuis l'avènement du Seigneur jusqu'à ce moment, avaient vécu dans la vie de la foi et de la charité, parce qu'eux seuls étaient des formes du ciel. Car la forme du ciel selon laquelle s'opèrent toutes les associations et toutes les communications est celle du Divin Vrai provenant du Divin Bien qui procède du Seigneur ; et l'homme revêt cette forme quant à son esprit par une vie selon le Divin Vrai. On peut voir, dans l'ouvrage intitulé « *Le Ciel et l'Enfer* », comment la forme du ciel provient de cette origine et aussi comment tout ange est une forme du ciel. Dès lors, on peut savoir de qui a été formé le Nouveau Ciel et par suite aussi quel est ce ciel ; c'est-à-dire qu'il est absolument d'un seul et même esprit. Car celui qui vit une vie de foi et de charité aime autrui comme lui-même et par l'amour il conjoint autrui à soi et la conjonction est réciproque et mutuelle ; car,

dans le monde spirituel, l'amour, c'est la conjonction. C'est pourquoi, lorsque tous agissent ainsi, il en résulte un seul et même esprit, lors même qu'il s'agirait d'une quantité innombrable d'individus, unis entre eux selon la forme du ciel, car rien ne les divise ni ne les sépare, mais au contraire, tout les conjoint et les unit mutuellement ; de sorte qu'il y a un tout unanime.

3. Comme ce ciel a été formé de tous ceux qui furent tels depuis l'avènement du Seigneur jusqu'au temps présent, on peut voir qu'il se compose tant de chrétiens que de païens, mais principalement des enfants de toutes les parties du monde qui sont morts depuis le dit avènement ; car ces derniers ont été reçus par le Seigneur, éduqués dans le ciel, instruits par les anges et enfin réservés pour constituer un Nouveau Ciel avec ceux dont il a été parlé précédemment. Par là, on peut se faire une idée de l'immensité de ce ciel. Dans l'ouvrage intitulé « *Le Ciel et l'Enfer* », on y voit que tous ceux qui meurent enfants sont éduqués dans le ciel et deviennent des anges, et que le ciel est formé aussi bien de païens que de chrétiens.

4. Il faut qu'on sache en outre que ce Nouveau Ciel est distinct des Cieux anciens, c'est-à-dire des cieux qui existaient avant l'avènement du Seigneur ; mais ces Cieux anciens et le Nouveau Ciel ont été si étroitement coordonnés qu'ils constituent néanmoins un seul ciel, Ce Nouveau Ciel est distinct des Cieux anciens parce que, dans les Anciennes Églises, il n'y avait pas eu d'autre doctrine que celle de l'amour et de la charité et qu'alors on ne connaissait aucune doctrine de la foi séparée (de la charité). C'est aussi la raison pour laquelle les Cieux anciens forment les étendues supérieures et le Nouveau Ciel une étendue au-dessous ; car les cieux sont des étendues l'une au-dessus de l'autre. Dans les étendues supérieures habitent ceux qui sont nommés anges célestes, dont la plupart sont de la Très-Ancienne Église ; ils sont nommés anges célestes à cause de l'amour céleste qui est l'amour envers le Seigneur. Dans les étendues qui se trouvent au-dessous habitent les anges spirituels, dont la plupart sont de l'Ancienne Église ; ils sont nommés anges spirituels à cause de l'amour spirituel, qui est la charité à l'égard du prochain. Au-dessous encore habitent les anges qui sont dans le bien de la foi ; ce sont ceux qui ont vécu la vie de la foi. Vivre la vie de la foi, c'est vouloir et agir selon la doctrine de son Église. Toutefois, l'influx médiat et immédiat procédant du Seigneur font que tous ces cieux sont un. On peut se faire de ces cieux une idée plus complète d'après ce qui a été dit à ce sujet dans l'ouvrage *Le Ciel et l'Enfer*, notamment dans le chapitre consacré à la division des cieux en deux Royaumes et dans celui qui traite des trois cieux ; Pour ce qui concerne

l'influx médiat et immédiat, il y a lieu de consulter les extraits des « *Arcanes célestes* » ; enfin, en ce qui concerne les Églises Très Ancienne et Ancienne, l'opuscule intitulé « *Le Jugement dernier et la Babylonie détruite* ».

5.   Ce qui a été dit jusqu'ici concerne le Nouveau Ciel. Il sera parlé maintenant de la Nouvelle Terre. Par ce terme, il est entendu une Nouvelle Église sur la terre, car lorsqu'une Église cesse d'exister, une nouvelle Église est alors instaurée par le Seigneur, qui pourvoit à ce qu'il y ait toujours une Église sur la terre, car c'est par elle qu'Il est conjoint au genre humain et que le ciel l'est au monde. En effet, le Seigneur y est connu et l'homme y trouve les divins vrais par lesquels il peut Lui être conjoint. On peut voir dans l'opuscule intitulé « *Le Jugement dernier* » qu'une Nouvelle Église est en train d'être instaurée. C'est d'après le sens spirituel de la Parole que la Nouvelle Terre signifie la Nouvelle Église. En effet, dans ce sens, par « terre », il est entendu non une contrée particulière, mais la nation même qui l'habite et son culte divin, car c'est là l'idée spirituelle que comporte le mot « terre ». En outre, quand, dans la Parole, il est question de terre sans qu'il y soit ajouté le nom d'une contrée, c'est de la terre de Canaan qu'il s'agit. Et comme, dès les temps les plus anciens, l'Église a existé dans ce pays, il en est résulté que tous les lieux de cette terre et tous ceux d'alentour, avec leurs montagnes et leurs fleuves, qui sont nommés dans la Parole, en sont venus à représenter et signifier les choses internes de l'Église appelées aussi choses spirituelles. Maintenant donc, puisque, quand il est question de terre dans la Parole, il s'agit du pays de Canaan et que la terre signifie l'Église, la Nouvelle Terre a le même sens. De là vient qu'il est d'usage dans l'Église de parler de la Canaan céleste pour désigner le Ciel. Il a été montré, dans divers passages des « *Arcanes célestes* », que par la terre de Canaan il est entendu l'Église dans le sens spirituel de la Parole.

6.   Qu'il soit dit aussi en peu de mots ce qu'il faut entendre par Jérusalem dans le sens spirituel de la Parole : c'est l'Église elle-même quant à la doctrine ; et cela parce que là, dans le pays de Canaan et non ailleurs, se trouvaient le temple et l'autel ; et que là aussi se faisaient les sacrifices, et par conséquent le culte divin lui-même. C'est aussi pourquoi, chaque année, trois fêtes y étaient célébrées, auxquelles tout homme de ce pays était tenu d'assister. C'est donc pour cela que par Jérusalem, dans le sens spirituel, il est entendu l'Église quant au culte, ou, ce qui est la même chose, quant à la doctrine, car le culte est prescrit dans la doctrine et se pratique selon la doctrine. S'il est dit : « *la sainte cité, la Nouvelle Jérusalem, descendant du ciel d'auprès de Dieu* », c'est parce que, dans le sens spiri-

tuel de la Parole, la «cité» et la «ville» signifient la doctrine, et la «sainte cité» la doctrine du Divin vrai, car le Divin vrai est ce qui est appelé saint dans la Parole. Si, dans ce passage, Jérusalem est appelée *«Nouvelle»*, c'est pour la même raison que la terre est appelée Nouvelle Terre; car, ainsi qu'il vient d'être montré, la «terre» signifie l'Église, et «Jérusalem» cette Église quant à la doctrine. S'il est dit qu'elle «descend du ciel d'auprès de Dieu», c'est parce que tout Vrai divin, d'où provient la doctrine, descend du Seigneur par le ciel. Il est bien évident que par Jérusalem, il ne faut pas entendre une cité, quoiqu'elle ait été vue comme telle, puisqu'il est dit que *«sa hauteur»*, de même que *«sa longueur»* et *«sa largeur»*, *«étaient de douze mille stades [5]»*, et que *«la mesure de sa muraille, qui était de cent quarante-quatre coudées, était mesure d'homme, qui est mesure d'ange [6]»*, et aussi puisqu'il est dit *qu'«elle était parée comme une fiancée devant son époux [7]»*; et, plus loin, l'ange dit: «Viens, *je te montrerai la fiancée, l'épouse de l'Agneau; et il me montra la sainte cité, Jérusalem [8].»* Or, c'est l'Église qui, dans la Parole, est appelée «fiancée» et «épouse» du Seigneur, «fiancée» avant qu'elle soit conjointe et «épouse» quand elle l'a été.

7. La doctrine qui va maintenant être exposée vient, elle aussi, du ciel, parce qu'elle provient du sens spirituel de la Parole; et le sens spirituel de la Parole est la même chose que la doctrine qui est dans le ciel. En effet, l'Église existe dans le ciel de même que sur la terre; car, là aussi, il y a la Parole, et la doctrine tirée de la Parole; il y a également des temples où se font des prédications; il y a aussi des gouvernements ecclésiastiques et civils. En un mot, la seule différence entre les choses qui sont dans les cieux et celles qui sont sur la terre réside en ceci que dans les cieux toutes choses sont dans un état plus parfait, parce que ceux qui y habitent sont spirituels, et que les choses spirituelles surpassent immensément en perfection les choses naturelles. Que de telles choses existent dans le ciel, c'est ce qu'on peut voir dans l'ouvrage *«Le Ciel et l'Enfer»*, spécialement dans l'article consacré aux gouvernements dans le ciel et dans celui qui traite du culte divin dans le ciel. D'après ce qui précède, on peut voir ce qu'il convient d'entendre par la sainte Cité, la Nouvelle Jérusalem descendant du ciel d'auprès de Dieu. J'en arrive maintenant à la doctrine elle-même, qui est pour la Nouvelle Église. Celle-ci m'ayant été révélée du ciel, est appelée Doctrine céleste. Le but de cet ouvrage est d'exposer cette doctrine.

---

[5] Verset 16.
[6] Verset 17.
[7] Verset 2.
[8] Versets 9 et 10.

INTRODUCTION À LA DOCTRINE

8. Il a été montré, dans le «Jugement *dernier et la Babylonie détruite*», que l'Église touche à sa fin quand il n'y a point de foi, parce qu'il n'y a point de charité. Or, comme les Églises dans le monde chrétien se sont différenciées l'une de l'autre uniquement par des choses qui sont du ressort de la foi, et que cependant la foi est nulle quand il n'y a pas de charité, je désire présenter ici, avant d'exposer la doctrine elle-même, quelques observations sur la doctrine de la charité chez les Anciens. Par les «Églises dans le monde chrétien», il faut entendre les Églises chez les Réformés ou Évangéliques, mais non chez les catholiques-romains, puisque l'Église chrétienne n'est point chez ceux-ci. En effet, l'Église n'existe que là où l'on adore le Seigneur et où on lit la Parole. Or, chez eux, il n'en est pas ainsi : eux-mêmes y sont adorés au lieu du Seigneur, et il est défendu au peuple de lire la Parole ; de plus, les décrets du Pape sont mis au même rang que la Parole, voire au-dessus d'elle.

9. La doctrine de la charité, qui est la doctrine de la vie, était la doctrine par excellence dans les Anciennes Églises (comme cela a été exposé dans les *Arcanes célestes*), et cette doctrine unissait toutes les Églises et de plusieurs n'en faisait qu'une seule. A cette époque, on reconnaissait pour hommes de l'Église tous ceux qui vivaient dans le bien de la charité, et on les appelait frères, quelque divergente que pût être par ailleurs leur façon de comprendre les vrais, appelés aujourd'hui les vrais de la foi. On s'instruisait l'un l'autre dans ces vrais et cette instruction était au nombre des œuvres de charité. Nul ne s'indignait si son opinion n'était pas acceptée par autrui, car on savait que chacun ne reçoit le vrai que dans la mesure où il est dans le bien. Tel ayant été le caractère des Anciennes Églises, les hommes qui en firent partie étaient des hommes intérieurs ; par conséquent, ils avaient plus de sagesse. Car ceux qui sont dans le bien de l'amour et de la charité sont dans le ciel quant à l'homme interne ; et là, dans une société angélique qui est dans un bien semblable au leur ; de là, l'élévation de leur mental vers les choses intérieures, et par conséquent leur sagesse. En effet, la sagesse ne peut venir d'autre part que du ciel, c'est-à-dire du Seigneur par le ciel ; et la sagesse est dans le ciel parce que là on est dans le bien. La sagesse consiste à voir le vrai d'après la lumière du vrai, et la lumière du vrai est la lumière qui est dans

le ciel. Mais cette sagesse des temps anciens a diminué au cours des siècles ; car autant le genre humain s'est éloigné du bien de l'amour envers le Seigneur, et de l'amour à l'égard du prochain, amour qui est appelé charité, autant aussi il s'est éloigné de la sagesse, parce qu'autant il s'est éloigné du ciel. De là vient que l'homme, d'interne qu'il était est devenu peu à peu externe et en même temps mondain et corporel ; et quand il est tel, il n'accorde que peu d'attention aux choses du ciel ; car alors les plaisirs des amours terrestres, et avec eux les maux qui, d'après ces amours, sont des plaisirs pour l'homme, s'emparent entièrement de lui. Alors, ce qu'il entend dire de la vie après la mort, du ciel et de l'enfer, en un mot, des choses spirituelles, ne pénètre pas en lui comme il faudrait cependant que cela fût, mais lui reste étranger. De là vient aussi que la doctrine de la charité, à laquelle les Anciens attachaient une si grande importance, est aujourd'hui au nombre des choses entièrement perdues ; car aujourd'hui qui sait ce que sont la charité et le prochain dans leur sens véritable ? Et cependant cette doctrine non seulement l'enseigne, mais elle contient de plus des choses innombrables, dont, de nos jours, on ne connaît pas même, la millième partie. Toute l'Écriture sainte n'est autre chose que la doctrine de l'amour et de la charité ; c'est même ce que le Seigneur enseigne en disant :

10.   « Tu aimeras le Seigneur ton Dieu de tout ton cœur et de toute ton âme et de toute ta pensée ; c'est là le premier et le grand commandement. Le second lui est semblable : Tu aimeras ton prochain comme toi-même. De ces deux commandements dépendent la Loi et les Prophètes[9]. »

La Loi et les Prophètes sont la Parole, tant en général que dans chaque détail.

---

[9] Matth., 22: 37-40.

LE BIEN ET LE VRAI

11. Dans l'univers, toutes les choses qui sont selon l'ordre divin se rapportent au bien et au vrai. Il n'y a rien dans le ciel, ni dans le monde, qui ne s'y rapporte, parce que l'un et l'autre, tant le bien que le vrai, procèdent du Divin, de qui procèdent toutes choses.

12. Il est donc évident que rien n'est plus nécessaire à l'homme que de savoir ce que c'est que le bien et ce que c'est que le vrai, quels rapports ils ont l'un avec l'autre, et comment ils sont conjoints l'un à l'autre. Cela est surtout nécessaire à l'homme de l'Église, car de même que toutes les choses du ciel se rapportent au bien et au vrai, de même en est-il de toutes les choses de l'Église, parce que le bien et le vrai du ciel sont aussi le bien et le vrai de l'Église. C'est pour cela que, pour commencer, il convient de parler du bien et du vrai.

13. Il est selon l'ordre divin que le bien et le vrai soient conjoints et non séparés, c'est-à-dire qu'ils soient un et non deux, car c'est conjoints qu'ils procèdent du Divin, et conjoints qu'ils sont dans le ciel. C'est pourquoi ils doivent l'être aussi dans l'Église. Dans le ciel, la conjonction du bien et du vrai est appelée « mariage céleste », car tous ceux qui habitent le ciel sont dans un tel mariage. De là vient que, dans la Parole, le ciel est comparé à un mariage, et que le Seigneur est appelé fiancé et époux, et le ciel, de même que l'Église, fiancée et épouse. Si le ciel et l'Église sont appelés ainsi, c'est parce que ceux qui y sont reçoivent le Divin Bien dans les vrais.

14. Toute l'intelligence et toute la sagesse que possèdent les anges, proviennent de ce mariage, tandis qu'il ne provient ni intelligence, ni sagesse du bien séparé du vrai, ni du vrai séparé du bien. Il en est de même en ce qui concerne l'homme de l'Église.

15. Puisque la conjonction du bien et du vrai est comme un mariage, il est évident que le bien aime le vrai et, inversement, que le vrai aime le bien ; et que l'un désire être conjoint à l'autre. L'homme de l'Église chez lequel il n'y a pas un tel amour, ni un tel désir, n'est point dans le mariage céleste, par conséquent

l'Église n'est pas encore en lui, car c'est la conjonction du bien et du vrai qui fait l'Église.

16.   Les biens sont de plusieurs sortes ; en général, il y a le bien spirituel, le bien naturel et le bien moral réel dans lequel les deux premiers sont conjoints. Il en est de même des vrais, parce que les vrais proviennent du bien, et sont les formes du bien.

17.   Par opposition, il en est du mal et du faux comme du bien et du vrai ; car, de même que dans l'univers toutes les choses qui sont selon l'Ordre divin se rapportent au bien et au vrai, de même toutes celles qui sont contraires à l'Ordre divin se rapportent au mal et au faux. Ainsi, de même que le bien aime à être conjoint au vrai, et réciproquement, de même le mal aime à l'être au faux, et réciproquement ; et encore, de même que toute intelligence et toute sagesse naissent de la conjonction du bien et du vrai, de même toute sottise et toute folie naissent de la conjonction du mal et du faux. La conjonction du mal et du faux est appelée « mariage infernal ».

18.   Puisque le mal et le faux sont opposés au bien et au vrai, il est évident que le vrai ne peut être conjoint au mal, ni le bien au faux du mal. Si le vrai est adjoint au mal, ce n'est plus le vrai, mais le faux, parce qu'il a été falsifié ; et si le bien est adjoint au faux du mal, ce n'est plus le bien, mais le mal, parce qu'il a été adultéré. Toutefois, le faux, qui ne provient pas du mal, peut être conjoint au bien.

19.   Quiconque se confirme et vit dans le mal, et par suite dans le faux, ne peut savoir ce que c'est que le bien et le vrai, parce qu'il croit que son mal est le bien, et par conséquent que son faux est le vrai. Mais quiconque se confirme et vit dans le bien et par suite dans le vrai, peut savoir ce que c'est que le mal et le faux. La raison en est que tout bien et par suite tout vrai sont célestes quant à leur essence ou du moins quant à leur origine, tandis que tout mal et par suite tout faux sont infernaux quant à leur essence ou du moins quant à leur origine. Or, tout ce qui est céleste est dans la lumière, et tout ce qui est infernal est dans les ténèbres.

LA VOLONTÉ ET L'ENTENDEMENT

28. L'homme a deux facultés qui font sa vie; l'une s'appelle la *volonté,* et l'autre *l'entendement.* Elles sont distinctes l'une de l'autre, mais créées de manière qu'elles soient *un;* et quand elles sont *un,* elles sont appelées le *mental.* Elles constituent donc le mental humain, et toute la vie de l'homme réside en elles.

29. De même que, dans l'univers, tout ce qui est selon l'Ordre divin se rapporte au bien et au vrai, de même chez l'homme tout se rapporte à la volonté et à l'entendement; car, chez lui, le bien est chose de sa volonté, et la vraie chose de son entendement. En effet, ces deux facultés ou ces deux vies de l'homme sont les réceptacles et les sujets du bien et du vrai : la volonté étant le réceptacle et le sujet de tout ce qui concerne le bien, et l'entendement celui de tout ce qui concerne le vrai. Les biens et les vrais chez l'homme ne sont point ailleurs. Il s'ensuit que l'amour et la foi ne sont point non plus ailleurs, puisque l'amour appartient au bien et le bien à l'amour, et que la foi appartient au vrai, et le vrai à la foi.

30. Maintenant, comme toutes les choses dans l'univers se rapportent au bien et au vrai, et toutes celles de l'Église au bien de l'amour et au vrai de la foi; et comme, d'autre part, l'homme est homme en vertu de ces deux facultés (volonté et entendement), il convient également de parler de celles-ci dans cette Doctrine. Autrement, l'homme ne pourrait s'en faire une idée distincte, et sa pensée n'aurait aucune base.

31. La volonté et l'entendement font aussi l'esprit de l'homme, car c'est aussi dans ces deux facultés que résident sa sagesse et son intelligence, et en général sa vie, le corps n'étant qu'un serviteur.

32. Ce qu'il importe avant tout de savoir, c'est comment la volonté et l'entendement font un seul mental. Ils font un seul mental de la même manière que le bien et le vrai font un; car il y a entre la volonté et l'entendement un mariage semblable à celui qui existe entre le bien et le vrai. On peut voir clairement quel est ce mariage par ce qui est rapporté ci-dessus au sujet du bien et du vrai; car,

de même que le bien est *l'être* même d'une chose, et le vrai *l'exister* qui en dérive, chez l'homme, la volonté est *l'être* même de sa vie, et l'entendement *l'exister* qui en dérive ; en effet, le bien qui appartient à la volonté se forme dans l'entendement et s'y présente à la vue.

33. Seuls ceux qui sont dans le bien et dans le vrai ont une volonté et un entendement, mais ceux qui sont dans le mal et dans le faux n'en ont point ; au lieu de la volonté, ils ont la convoitise ; et au lieu de l'entendement, la connaissance. Car la volonté vraiment humaine est le réceptacle du bien ; et l'entendement, le réceptacle du vrai ; c'est pourquoi la volonté ne peut pas se dire du mal, ni l'entendement du faux, parce que ce sont des opposés, et que le propre de ce qui est opposé est de détruire. De là vient que l'homme qui est dans le mal, et par suite dans le faux, ne peut être appelé ni rationnel, ni sage, ni intelligent : d'ailleurs chez lui, les intérieurs du mental, où résident principalement la volonté et l'entendement sont fermés. On croit que le méchant a aussi une volonté et un entendement, parce qu'il dit qu'il veut et qu'il comprend ; mais chez lui vouloir n'est que convoiter, et comprendre n'est que connaître.

L'HOMME INTERNE ET L'HOMME EXTERNE

36.   L'homme a été ainsi créé qu'il est à la fois dans le monde naturel et dans le monde spirituel. Le monde spirituel est celui dans lequel sont les anges, et le monde naturel, celui dans lequel sont les hommes; et comme l'homme a été ainsi créé, il lui a été donné un interne et un externe; un interne par lequel il est dans le monde spirituel et un externe, par lequel il est dans le monde naturel. Son interne est ce qui est appelé l'homme interne, et son externe, ce qui est appelé l'homme externe.

37.   Chaque homme a un interne et un externe, mais ils diffèrent chez les bons et chez les méchants. Chez les bons, l'interne est dans le ciel et dans la lumière du ciel, et l'externe est dans le monde et dans la lumière du monde; mais cette dernière y est éclairée par la lumière du ciel; c'est pourquoi leur interne et leur externe font un comme la cause et l'effet, ou comme ce qui est antérieur et ce qui est postérieur. Mais, chez les méchants, l'interne est dans le monde et dans la lumière du monde, lumière dans laquelle est aussi leur externe; par conséquent, ils ne voient rien d'après la lumière du ciel, mais ils voient seulement d'après la lumière du monde, lumière qui est appelée par eux lueur de la nature. Par suite, les choses du ciel sont pour eux dans l'obscurité, et celles du monde dans la lumière. D'où il est évident que, chez les bons, il y a l'homme interne et l'homme externe, tandis que, chez les méchants, il n'y a pas l'homme interne, mais seulement l'homme externe.

38.   L'homme interne est celui qu'on appelle «homme spirituel», parce qu'il est dans la lumière du ciel, laquelle est spirituelle; et l'homme externe, celui qu'on appelle «homme naturel», parce qu'il est dans la lumière du monde, laquelle est naturelle; l'homme dont l'interne est dans la lumière du ciel et l'externe dans la lumière du monde est homme spirituel quant à l'un et à l'autre; mais l'homme dont l'interne n'est pas dans la lumière du ciel, mais seulement dans celle du monde, dans laquelle est aussi son externe, est homme naturel et quant à l'interne et quant à l'externe. Dans la Parole, l'homme spirituel est appelé *vivant*, et l'homme naturel *mort*.

39. L'homme, dont l'interne est dans la lumière du ciel, et l'externe dans la lumière du monde, pense et spirituellement et naturellement; alors, sa pensée spirituelle influe dans sa pensée naturelle, et y est perçue. Mais l'homme dont l'interne et l'externe sont tous deux dans la lumière du monde, ne pense pas spirituellement, mais matériellement; car il pense d'après les choses qui sont dans la nature du monde et qui toutes sont matérielles. Penser spirituellement, c'est penser les choses telles qu'elles sont en elles-mêmes; c'est voir les vrais d'après la lumière du vrai et percevoir les biens d'après l'amour du bien; puis aussi voir les qualités des choses et en percevoir leur usage, abstraction faite de la matière; mais penser matériellement, c'est penser, voir et percevoir ces mêmes choses comme étant inséparables de la matière et pour ainsi dire liées à la matière, ainsi d'une manière respectivement grossière et obscure.

40. L'homme interne spirituel, considéré en lui-même, est un ange du ciel. Tant qu'il vit dans le corps, il est en société avec les anges quoiqu'il ne le sache pas et lorsqu'il s'est dépouillé de son corps, il se retrouve parmi eux. Mais l'homme interne purement naturel, considéré en lui-même, est un esprit et non un ange; lui aussi est en société avec des esprits pendant qu'il vit dans le corps, mais avec ceux qui sont dans l'enfer, et lorsqu'il s'est dépouillé de son corps, il se retrouve parmi eux.

41. Chez ceux qui sont hommes spirituels, les intérieurs du mental sont en fait élevés du côté du ciel, car c'est le ciel qu'ils regardent en premier lieu; mais chez ceux qui sont purement naturels, les intérieurs du mental sont en fait tournés vers le monde, parce que c'est le monde qu'ils regardent en premier lieu. En effet, chez chacun, les intérieurs de son mental (*mens*) sont tournés vers ce qu'il aime par-dessus toutes choses, tandis que les extérieurs de son mental (*animus*) sont tournés du même côté que le sont les intérieurs.

42. Ceux qui n'ont qu'une idée générale de l'homme interne et de l'homme externe croient que l'homme interne est celui qui pense et qui veut, et l'homme externe celui qui parle et qui agit, parce que penser et vouloir sont des opérations internes et parler et agir des opérations externes. Mais il faut savoir que quand l'homme pense avec intelligence et veut avec sagesse, il pense et veut d'après l'interne spirituel, tandis que quand il pense sans intelligence et veut sans sagesse, il pense et veut, d'après l'interne naturel. Par conséquent, lorsqu'il pense en bien du Seigneur et des choses du Seigneur ou du prochain et des choses du prochain, et qu'il leur veut du bien, alors il pense et veut d'après l'interne spirituel, parce

que c'est d'après la foi du vrai et l'amour du bien, ainsi d'après le ciel. Mais quand l'homme pense à eux en mal et leur veut du mal, il pense et veut d'après l'interne naturel, parce que c'est d'après la foi du faux et l'amour du mal, ainsi d'après l'enfer. En un mot, autant l'homme est dans l'amour envers le Seigneur et dans l'amour à l'égard du prochain, autant il est dans l'interne spirituel : il pense et veut, et aussi parle et agit d'après cet interne ; mais autant l'homme est dans l'amour de soi et dans l'amour du monde, autant il est dans l'interne naturel : il pense et veut, et aussi parle et agit d'après cet interne.

43. Il a été pourvu par le Seigneur, et les choses ont été, disposées par Lui de telle sorte, qu'autant l'homme pense et veut d'après le ciel, autant son homme interne spirituel est ouvert et formé : ouvert du côté du ciel jusqu'au Seigneur, et formé selon les choses du ciel. Mais, inversement, autant l'homme pense et veut, non d'après le ciel, mais d'après le monde, autant son homme interne spirituel est fermé, et son homme externe ouvert du côté du monde, et formé à l'image des choses du monde.

44. Ceux chez qui l'homme interne spirituel a été ouvert du côté du ciel et vers le Seigneur, sont dans la lumière du ciel, et dans l'illumination par le Seigneur ; par suite, ils sont dans l'intelligence et la sagesse : ils voient le vrai, parce que c'est le vrai, et perçoivent le bien, parce que c'est le bien. Mais ceux chez qui l'homme interne spirituel a été fermé, ne savent pas qu'il y a un homme interne, ni à plus forte raison ce que c'est que l'homme interne : ils ne croient ni au Divin, ni à la vie après la mort, ni par conséquent aux choses qui sont du ciel et de l'Église. Comme ils sont seulement dans la lumière du monde, et dans l'illumination qui en provient, ils confondent la nature avec le Divin ; ils voient le faux comme vrai, et perçoivent le mal comme bien.

45. L'homme dont l'interne est tellement externe qu'il ne croit que ce qu'il peut voir de ses yeux et toucher de ses mains, est appelé homme sensuel. Il est homme naturel au plus bas degré et s'abuse sur toutes les choses qui concernent la foi de l'Église.

46. L'interne et l'externe dont il vient d'être question, sont l'interne et l'externe de l'esprit de l'homme. Son corps est seulement un externe surajouté, au-dedans duquel existent cet interne et cet externe ; car le corps ne fait rien de lui-même, mais il agit d'après l'esprit qui est en lui. Il faut qu'on sache que l'esprit de

l'homme, après qu'il a été dépouillé du corps, pense et veut, parle et agit comme auparavant ; penser et vouloir est son interne, et parler et agir son externe.

L'AMOUR EN GÉNÉRAL

54. La vie même de l'homme est son amour ; et tel est son amour, telle est sa vie, et même, tel est l'homme tout entier ; mais c'est l'amour dominant ou régnant qui fait l'homme. Cet amour a sous sa dépendance plusieurs amours qui en dérivent, et bien que ces amours se montrent sous une autre forme, ils sont tous dans l'amour dominant, et font avec lui un même royaume. L'amour dominant est comme leur roi et leur chef : il les dirige, et par eux, comme par des fins moyennes, il vise et tend à sa propre fin qui est la fin première et dernière ; et cela, tant directement qu'indirectement. Ce qui est l'objet de l'amour dominant est ce qui est aimé par-dessus toutes choses.

55. Ce que l'homme aime par-dessus toutes choses est sans cesse présent dans sa pensée, et aussi dans sa volonté, et fait sa vie même. Par exemple, celui qui aime par-dessus toutes choses les richesses, qu'il s'agisse d'argent ou de possessions, se préoccupe continuellement des moyens d'en acquérir. Il est intimement dans la joie quand il en acquiert, et intimement dans la tristesse, quand il en perd ; son cœur est en elles. Quiconque s'aime par-dessus toutes choses, se souvient de soi en toutes circonstances ; il pense à soi, parle de soi, agit pour soi, car sa vie est la vie de soi-même.

56. L'homme a pour fin ce qu'il aime par-dessus tout : il l'a en vue en tout et en chaque chose ; cette fin se trouve dans sa volonté comme le courant caché d'un fleuve qui l'entraîne et l'emporte, même lorsqu'il s'occupe d'autre chose, car c'est ce qui l'anime. C'est là ce qu'un homme examine et voit même chez un autre et ce par quoi il agit soit sur lui, soit avec lui.

57. L'homme est absolument tel qu'est l'amour dominant de sa vie ; c'est par lui qu'il se distingue des autres hommes ; selon lui se fait son ciel s'il est bon, ou son enfer, s'il est mauvais ; il constitue sa volonté, son propre, sa nature même, car il est l'être même de sa vie ; après la mort, il ne peut être changé, parce qu'il est l'homme lui-même.

58. Chez chacun, tout plaisir, tout bonheur et toute félicité procèdent de

son amour dominant et lui est conforme; car l'homme appelle délectable ce qu'il aime, parce qu'il y trouve son plaisir. Ce qu'il pense et n'aime pas, il peut aussi le nommer délectable, mais ce n'est pas le plaisir de sa vie. C'est le plaisir de son amour que l'homme considère comme le bien, et le déplaisir qu'il considère comme le mal.

59.   Il y a deux amours d'où découlent, comme de leur source même, tous les biens et tous les vrais; et il y a deux amours d'où découlent tous les maux et tous les faux. Les deux amours, d'où découlent tous les biens et tous les vrais, sont l'amour envers le Seigneur et l'amour à l'égard du prochain; et les deux amours d'où découlent tous les maux et tous les faux, sont l'amour de soi et l'amour du monde: ces derniers amours sont entièrement opposés aux deux premiers.

60.   Les deux amours, d'où découlent tous les biens et tous les vrais, et qui sont, comme il a été dit, l'amour envers le Seigneur et l'amour à l'égard du prochain, font le ciel chez l'homme; c'est pourquoi aussi ils règnent dans le ciel. Et comme ils font le ciel chez l'homme, ils y font aussi l'Église. Par contre, les deux amours d'où découlent tous les maux et tous les faux, et qui sont, comme il a été dit, l'amour de soi et l'amour du monde, font l'enfer chez l'homme, c'est pourquoi aussi ils règnent dans l'enfer.

61.   Les deux amours d'où découlent tous les biens et tous les vrais, et qui sont donc les amours du ciel, ouvrent l'homme interne spirituel et le forment, parce que c'est là qu'ils résident. Mais les deux amours d'où découlent tous les maux et tous les faux, ferment l'homme interne spirituel et le détruisent quand ils dominent; ils rendent l'homme naturel et sensuel, selon l'étendue et la qualité de la domination qu'ils exercent sur lui.

LES AMOURS DE SOI ET DU MONDE

65. L'amour de soi consiste à ne vouloir du bien qu'à soi et à n'en vouloir aux autres, que ce soit à l'Église, à la patrie, à quelque société humaine, au concitoyen, que par rapport à soi ; comme aussi à ne leur faire du bien qu'en vue de la réputation, de l'honneur et de la gloire, de sorte que, si l'on ne voit pas ces avantages dans le bien qu'on peut leur faire, on dit dans son cœur : « Que m'importe ? Pourquoi le ferais-je ? Que m'en reviendra-t-il ? » et ainsi, on ne le fait pas. De là, il est évident que celui qui est dans l'amour de soi n'aime ni l'Église, ni la patrie, ni la société, ni le concitoyen, ni aucun bien, mais qu'il n'aime que lui seul.

66. Donc, l'homme est dans l'amour de soi quand, dans les choses qu'il pense et qu'il fait, il considère non le prochain, ni par conséquent la collectivité, encore moins le Seigneur, mais seulement lui-même et les siens ; par conséquent, lorsqu'il fait toutes choses pour lui-même et pour les siens. Si, néanmoins, il fait quelque chose pour la collectivité ou pour le prochain, c'est seulement pour l'apparence.

67. Il est dit : « pour lui-même et pour les siens », car celui qui s'aime, aime aussi les siens, qui sont spécialement ses enfants et ses descendants, et, plus généralement, tous ceux qui font un avec lui et qu'il appelle les siens ; aimer ceux-ci, c'est aussi s'aimer soi-même, car il considère qu'ils font comme partie de lui et que lui-même fait comme partie d'eux. Tous ceux qui le louent, l'honorent et l'adulent comptent aussi dans le nombre de ceux qu'il nomme les siens.

68. Celui-là est dans l'amour de soi qui méprise son prochain en le comparant à soi ou qui le considère comme son ennemi s'il ne lui est pas favorable ou s'il ne le vénère, ni ne l'adule. Encore plus dans l'amour de soi est celui qui, pour ces raisons, hait son prochain et cherche à lui faire du mal ; et encore plus celui qui, pour les mêmes motifs, brûle de se venger de lui et désire sa perte. De tels hommes finissent par trouver leur plaisir à exercer des cruautés.

69. On peut voir quel est l'amour de soi en le comparant à l'amour céleste. L'amour céleste consiste à aimer les usages pour les usages, c'est-à-dire aimer

pour lui-même le bien que l'on fait à l'Église, à la patrie, à une société humaine ou à un concitoyen ; mais celui qui aime ces usages et ce bien à cause de soi, ne les aime que comme il aime des domestiques, parce qu'ils le servent. Il s'ensuit que celui qui est dans l'amour de soi veut que l'Église, la patrie, les sociétés humaines et les concitoyens le servent ; il ne veut pas les servir, il se place au-dessus d'eux et les met au-dessous de lui.

70. De plus, autant l'homme est dans l'amour céleste, qui consiste à aimer les usages et les biens, et à être affecté de plaisir dans son cœur en les faisant, autant il est conduit par le Seigneur, parce que cet amour est celui dans lequel est le Seigneur et qui vient du Seigneur. Mais autant l'homme est dans l'amour de soi, autant il est conduit par lui-même ; et autant il est conduit par lui-même, autant il l'est par son « propre ». Or, le « propre » de l'homme n'est rien autre que le mal, car c'est son mal héréditaire, lequel consiste à s'aimer de préférence à Dieu, et à aimer le monde de préférence au ciel.

71. L'amour de soi est encore tel que, dans la mesure où on lui lâche les freins, c'est-à-dire où les liens externes sont éloignés — qui sont la crainte de la loi et de ses châtiments, la crainte de perdre sa réputation, son honneur, son gain, son emploi et sa vie — il s'élance jusqu'à vouloir dominer non seulement sur tout le globe, mais encore sur le ciel, et sur le Divin même ; il ne connaît ni fin ni limite. Pareille cupidité est cachée dans tout homme qui est dans l'amour de soi, quoiqu'elle ne se manifeste pas devant le monde, où les freins et les liens énumérés ci-dessus le retiennent. Quiconque est tel, quand il rencontre un obstacle insurmontable, s'acharne contre lui jusqu'à ce qu'il en ait triomphé. Pour ces raisons, l'homme qui est dans cet amour ne sait pas que cette folle cupidité sans bornes est cachée en lui. Et, cependant, chacun peut voir qu'il en est ainsi par l'exemple des puissants et des rois, quand ceux-ci ne sont pas retenus par ces freins, ces liens et ces obstacles : en effet, ils se jettent alors sur les provinces et les royaumes qu'ils subjuguent pour autant que le succès les favorise, et ils aspirent à une puissance et à une gloire sans bornes. Cela est encore plus visible. Chez ceux qui, étendant leur domination sur le ciel, transfèrent sur eux-mêmes toute la puissance divine du Seigneur, et même désirent continuellement davantage.

72. Il y a deux manières d'exercer la domination : l'une par l'amour à l'égard du prochain, l'autre par l'amour de soi. Dans leur essence, ces deux genres de dominations sont opposés. Celui qui exerce la domination d'après l'amour à l'égard du prochain, veut du bien à tous, et il n'y a rien qu'il aime davantage que

d'accomplir des usages, et ainsi de servir les autres [10]. C'est là son amour et le plaisir de son cœur. Dans la mesure où un tel homme est élevé aux dignités, il s'en réjouit, non à cause des dignités elles-mêmes, mais à cause des usages qu'il peut alors faire en plus grande abondance et dans un degré plus étendu. Tel est le genre de domination qui existe dans les cieux. Mais celui oui exerce la domination d'après l'amour de soi, ne veut du bien à qui que ce soit, si ce n'est à lui-même et aux siens ; les usages qu'il remplit sont pour son propre honneur et sa propre gloire ; il n'en connaît point d'autres ; car s'il sert autrui, c'est uniquement afin d'être servi lui-même, d'être honoré et de dominer ; il ambitionne les dignités, non pour le bien qu'il pourra faire, mais pour se sentir au-dessus des autres et entouré de gloire, et par suite dans le plaisir de son cœur.

73. L'amour d'exercer la domination demeure chez chacun après la mort ; alors, à ceux qui ont exercé la domination d'après l'amour à l'égard du prochain est aussi confiée une domination dans les cieux ; mais, en réalité, ce ne sont pas eux qui dominent, ce sont les usages et le bien qu'ils aiment ; et quand les usages et le bien dominent, c'est le Seigneur qui domine. Par contre, ceux qui, dans le monde, ont dominé d'après l'amour de soi, après la mort, vont en enfer et sont de vils esclaves.

74. D'après ce qui vient d'être dit, on peut savoir maintenant quels sont ceux qui sont dans l'amour de soi ; que, dans la forme externe, ils paraissent hautains ou soumis, peu importe, car les choses dont il a été question ci-dessus sont dans l'homme intérieur, lequel est caché chez la plupart, alors que l'homme extérieur est instruit à feindre des affections qui ont trait à l'amour de la collectivité et du prochain, ainsi à feindre des affections contraires ; et cela, en vue de soi-même. Ils savent, en effet, qu'aimer la collectivité et le prochain fait intérieurement impression sur tous les hommes, et qu'ainsi ils en seront d'autant plus aimés et estimés. Si cet amour fait impression, c'est parce que le ciel influe en lui.

75. Les maux, chez ceux qui sont dans l'amour de soi, sont en général le mépris pour les autres, l'envie, l'inimitié contre ceux qui ne leur sont pas favorables, l'hostilité qui en provient, les haines de divers genres, les vengeances, l'astuce, les fourberies, l'inhumanité, la cruauté. Or, ceux qui sont dans de tels maux ont aussi du mépris pour le Divin et pour les choses divines, savoir les vrais

---

[10] « Servir les autres », c'est, d'après la bonne volonté, leur faire du bien et accomplir des usages.

et les biens de l'Église. S'ils les honorent, c'est seulement de bouche et non du cœur. De même que l'amour de soi donne naissance aux maux décrits plus haut, il donne aussi naissance à des faux de même nature, car les faux proviennent des maux.

76. Quant à l'amour du monde, il consiste à vouloir attirer à soi les richesses des autres par n'importe quel moyen, à placer son cœur dans les richesses et à permettre que le monde détourne l'homme de l'amour spirituel, qui est l'amour à l'égard du prochain, et ainsi l'éloigne du ciel. Sont dans l'amour du monde tous ceux qui désirent s'emparer des biens des autres par divers moyens ; ceux surtout qui emploient l'astuce et la fourberie, et regardent comme rien le bien du prochain. Ceux qui sont dans cet amour convoitent le bien des autres, et, pour autant qu'ils ne craignent point les lois, ni la perte de leur réputation due à leur lucre, ils les dépouillent et même les pillent.

77. Cependant, l'amour du monde n'est pas opposé à l'amour céleste au même degré que l'amour de soi, parce qu'il ne renferme pas de si grands maux. L'amour du monde est de plusieurs espèces : il y a l'amour des richesses pour s'élever aux honneurs ; celui des honneurs et des dignités pour obtenir des richesses ; celui des richesses pour les plaisirs du monde qu'elles peuvent procurer ; celui des richesses pour les richesses seules, tel qu'on le trouve chez les avares ; et d'autres encore. La fin pour laquelle on désire les richesses est appelée usage et c'est de la fin ou de l'usage que l'amour tire sa qualité ; car telle est la fin pour laquelle on désire, tel est l'amour ; toutes les autres choses ne lui servent que de moyens.

78. En un mot, l'amour de soi et l'amour du monde sont entièrement opposés à l'amour envers le Seigneur et à l'amour à l'égard du prochain ; c'est pourquoi ce sont des amours infernaux ; ils règnent dans l'enfer et font aussi l'enfer chez l'homme. Au contraire, l'amour envers le Seigneur et l'amour à l'égard du prochain sont des amours célestes ; ils règnent dans le ciel et font aussi le ciel chez l'homme.

79. On peut voir, d'après ce qui vient d'être dit, que tous les maux sont contenus dans l'amour de soi et l'amour du monde, et qu'ils en tirent leur origine. Quelques-uns ont été énumérés au n° 75 ; ce sont des maux communs (ou généraux). Les autres n'ont pas été énumérés parce qu'ils sont des maux spécifiques (ou particuliers) ; ils dérivent tous des premiers et en découlent. Dès lors, il

est patent que du fait qu'il naît dans ces deux amours, l'homme naît aussi dans les maux de tout genre.

80.   Pour que l'homme connaisse les maux, il doit en connaître les origines ; et s'il ne connaît pas les maux, il ne peut pas non plus connaître les biens, ainsi il ne peut pas se connaître lui-même. C'est pour cela qu'il a été question ici de ces deux origines des maux.

L'AMOUR A L'ÉGARD DU PROCHAIN
OU LA CHARITÉ

84. Il faut d'abord dire ce qu'est le prochain, car c'est lui qui doit être aimé, et c'est à son égard que la charité doit être exercée. En effet, si l'on ne sait pas ce qu'est le prochain, la charité peut être exercée sans discernement, c'est-à-dire de la même manière à l'égard des méchants qu'à l'égard des bons, auquel cas la charité n'est plus la charité; car les méchants, d'après le bien qu'on leur fait, font du mal au prochain, mais les bons lui font du bien.

85. L'opinion qui prévaut de nos jours, c'est que tout homme est également le prochain, et qu'on doit faire du bien à quiconque a besoin de secours. Toutefois, la prudence chrétienne commande de bien examiner quelle est la vie de l'homme, et d'exercer la charité à son égard selon ce qu'est cette vie. L'homme de l'Église interne fait cela avec discernement, par conséquent avec intelligence; au contraire, l'homme de l'Église externe, n'étant pas apte à établir de distinction, juge sans discernement.

86. Les distinctions relatives au prochain, que l'homme de l'Église doit absolument connaître, sont en rapport avec le bien qui est chez chacun; et comme tout bien procède du Seigneur, le Seigneur est, dans le sens suprême et au degré le plus éminent, le prochain; c'est donc d'après Lui que s'établissent toutes les distinctions relatives au prochain, c'est-à-dire que chacun est le prochain en proportion de ce qu'il a quelque chose du Seigneur en lui; or, comme nul ne reçoit de la même manière le Seigneur, c'est-à-dire le bien qui procède du Seigneur, il s'ensuit que l'un n'est pas le prochain de la même manière que l'autre; en effet, tous les habitants des cieux, et tous ceux qui sont bons sur terre, diffèrent quant au bien; il n'y a jamais, chez deux personnes, un bien absolument identique; il faut qu'il soit différent, afin que chaque bien ait son caractère propre. Mais aucun homme, ni même aucun ange, ne pourra jamais connaître dans toute leur variété les distinctions concernant le prochain, lesquelles dépendent de la réception du Seigneur, c'est-à-dire de la réception du bien qui procède de Lui. On ne peut les connaître que d'une manière générale, c'est-à-dire qu'on peut en

connaître les genres et quelques-unes de leurs espèces. Or, le Seigneur ne requiert pas autre chose de l'homme de l'Église que de vivre d'après ce qu'il sait.

87.　Comme le bien chez chacun est différent, il s'ensuit que c'est la qualité du bien qui détermine à quel degré et dans quelle proportion chacun est le prochain. On voit clairement qu'il en est ainsi par la parabole du Seigneur sur l'homme qui tomba entre les mains des voleurs, et fut laissé par eux à demi mort ; un prêtre passa outre, et un Lévite aussi ; mais un Samaritain, après avoir bandé ses plaies et y avoir versé de l'huile et du vin, le plaça sur sa propre monture, le conduisit dans une hôtellerie, et ordonna qu'on eût soin de lui ; lui seul, ayant exercé le bien de la charité, est appelé le prochain [11]. On peut en déduire que, par le prochain, sont entendus « ceux qui sont dans le bien. L'huile et le vin que le Samaritain versa dans les plaies, signifient aussi le bien et le vrai de ce bien.

88.　D'après ce qui vient d'être dit, il est évident que, dans le sens universel, c'est le bien qui est le prochain, puisque l'homme est le prochain selon la qualité du bien qui, chez lui, procède du Seigneur ; et comme le bien est le prochain, l'amour l'est aussi ; car tout bien est chose de l'amour. Ainsi, chaque homme est le prochain selon la qualité de l'amour qu'il tient du Seigneur.

89.　On peut voir clairement, en considérant ceux qui sont dans l'amour de soi, que c'est bien l'amour qui fait le prochain, et que chacun est le prochain selon la qualité de son amour. En effet, ceux-là ne reconnaissent comme prochain que ceux qui les aiment le plus, c'est-à-dire qui leur sont dévoués ; ils les embrassent, ils leur donnent des baisers, leur font du bien et les appellent frères ; bien plus même, comme ils sont méchants, ils les appellent le prochain de préférence aux autres ; bref, ils ne considèrent les autres comme prochains que dans la mesure où les autres les aiment ; ainsi, selon la qualité et le degré de l'amour qu'ils leur manifestent. De tels hommes tirent d'eux-mêmes l'origine du prochain ; car c'est l'amour qui fait le prochain et le détermine. Ceux, au contraire, qui ne s'aiment pas de préférence aux autres, comme c'est le cas de tous ceux qui sont du Royaume du Seigneur, tirent l'origine du prochain de Celui qu'ils doivent aimer par-dessus toutes choses, par conséquent du Seigneur : tout homme est pour eux le prochain selon la qualité de l'amour qu'il éprouve pour le Seigneur et qu'il reçoit de Lui. On voit clairement par là d'où l'homme de l'Église doit

---

[11]　Luc 10: 29 à 37.

tirer l'origine du prochain, et comment chacun est le prochain selon le bien qui procède du Seigneur, ainsi en vertu du bien même.

90. Le Seigneur l'enseigne d'ailleurs aussi dans Matthieu, lorsque, s'adressant à ceux qui ont été dans le bien, Il dit qu'ils Lui ont donné à manger, qu'ils Lui ont donné à boire, qu'il L'ont recueilli, qu'ils L'ont vêtu, qu'ils L'ont visité, et qu'ils sont venus en prison vers Lui et ensuite, qu'en tant qu'ils ont fait cela à l'un de ces plus petits de ses frères, ils le Lui ont fait à Lui-même [12].

Dans ces six biens, entendus dans le sens spirituel, sont compris tous les genres du prochain. Il est donc évident que quand on aime le bien, on aime le Seigneur, car c'est du Seigneur que procède le bien ; c'est Lui qui est dans le bien ; plus encore, qui est le bien même.

91. A vrai dire, le prochain, c'est non seulement l'homme pris individuellement, mais aussi l'homme pris dans un sens collectif ; c'est une société, petite ou grande, la patrie, l'Église, le Royaume du Seigneur, et, par-dessus tout, le Seigneur Lui-même. Voilà le prochain auquel on doit faire du bien par amour. Ce sont là aussi les degrés ascendants du prochain. En effet, une société formée de plusieurs personnes est le prochain à un degré plus élevé que l'homme pris séparément ; la patrie l'est à un degré plus élevé qu'une société ; à un degré plus élevé encore, le prochain, c'est l'Église, puis le Royaume du Seigneur ; enfin, au degré suprême, c'est le Seigneur Lui-même. Ces degrés ascendants sont comme les degrés d'une échelle, au sommet de laquelle est le Seigneur.

92. Une société est le prochain de préférence à un homme pris séparément, parce qu'elle se compose de plusieurs individus. La charité doit être exercée envers elle de la même manière qu'envers un homme pris individuellement, à savoir, selon la qualité du bien qui est chez elle ; ainsi tout autrement envers une société d'hommes probes qu'envers une société d'hommes non probes. Une société est aimée, quand on pourvoit à son bien par amour du bien.

93. La patrie est le prochain de préférence à une société, parce qu'elle est pour l'homme comme une mère ; en effet, il y est né, elle le nourrit et le tient à l'abri des injures. On doit, par amour, faire du bien à la patrie selon ses nécessités, qui concernent principalement sa subsistance ainsi que la vie civile et spirituelle de ceux qui y habitent. Celui qui aime sa patrie, et qui lui fait du bien d'après le

---

[12] Matth., 25: 34 à 40.

bon vouloir, aime le Royaume du Seigneur dans l'autre vie, car ce Royaume y est sa patrie. Et celui qui aime le Royaume du Seigneur aime le Seigneur, parce que le Seigneur est tout dans toutes les choses de son Royaume.

94. L'Église est le prochain de préférence à la patrie, car celui qui pourvoit au bien de l'Église pourvoit aux âmes et à la vie éternelle de ceux qui sont dans sa patrie ; c'est pourquoi celui qui pourvoit au bien de l'Église par amour, aime le prochain dans un degré supérieur ; car il désire et veut pour les autres le ciel, et la félicité de la vie pour l'éternité.

95. Le Royaume du Seigneur est le prochain à un degré encore supérieur, car le Royaume du Seigneur se compose de tous ceux qui, sur terre ou dans les cieux, sont dans le bien. Ainsi, le Royaume du Seigneur est le bien avec toutes ses variétés complexes. Quand on aime ce bien, avec ses variétés complexes, on aime tous ceux qui sont dans le bien.

96. Ce sont là les degrés du prochain selon lesquels s'élève l'amour, chez tous ceux qui sont dans l'amour à l'égard du prochain ; toutefois, ces degrés sont des degrés dans un ordre successif, ordre selon lequel le degré antérieur ou supérieur doit être préféré au degré postérieur ou inférieur. Et comme le Seigneur est dans le degré suprême, et que, dans chaque degré, il faut L'avoir en vue comme le but à atteindre, on doit, par conséquent, L'aimer par-dessus tous et par-dessus toutes choses. On peut voir maintenant comment l'amour envers le Seigneur fait un avec l'amour à l'égard du prochain.

97. On dit communément, dans la conversation, que chacun est pour soi-même le prochain, c'est-à-dire que chacun doit d'abord s'occuper de soi ; mais la doctrine de la charité enseigne comment il faut entendre ces paroles : Chacun doit songer à se procurer les choses nécessaires à la vie, c'est-à-dire la nourriture, le vêtement, le logement et plusieurs autres choses indispensables à la vie civile dans laquelle il se trouve, cela aussi bien pour les siens que pour lui-même, et aussi bien pour l'avenir que pour le temps présent. En effet, si l'homme ne pourvoit pas à ses propres besoins, il ne saurait être en état d'exercer la charité puisqu'il manque lui-même de tout.

98. Quelques considérations supplémentaires feront mieux comprendre de quelle manière chacun doit être pour soi le prochain : Chacun doit en premier lieu se procurer la nourriture et les vêtements nécessaires à son corps, dans le but

d'avoir « un esprit sain dans un corps sain ». Il doit aussi procurer à son esprit la nourriture dont celui-ci a besoin (autrement dit les choses qui se rapportent à l'intelligence et à la sagesse) afin d'être en état de servir le concitoyen, la société, la patrie, l'Église, et par cela le Seigneur. Celui qui agit de la sorte veille à ses intérêts éternels. De là, il est évident que ce qui importe en premier lieu, c'est la fin (pour laquelle on agit), car tout s'y rapporte. Il en est encore de cela comme d'un homme qui construit une maison ; il doit d'abord poser les fondements, mais ces fondements seront pour la maison, et la maison sera pour l'habitation. Celui qui croit qu'il est pour lui-même et en premier lieu le prochain, est semblable à celui qui regarde comme fin les fondements, et non la maison et l'habitation, tandis que, cependant, l'habitation est la fin même, première et dernière, et que la maison avec les fondements est seulement un moyen pour la fin.

99.   La fin fait connaître comment chacun doit être pour soi-même le prochain, et s'occuper d'abord de soi. Si cette fin est d'être plus riche que les autres, seulement en vue des richesses elles-mêmes, de la volupté, de la prééminence ou d'autres choses semblables, cette fin est mauvaise et l'homme qui la poursuit n'aime pas le prochain ; il s'aime lui-même. Si, par contre, l'homme qui acquiert des richesses a pour fin d'être en meilleur état de servir le concitoyen, la société, la patrie et l'Église, ou s'il cherche à obtenir certaines fonctions dans ce même but, il aime son prochain. La fin même pour laquelle il agit fait l'homme lui-même, car la fin c'est son amour, tout homme ayant pour première et dernière fin ce qu'il aime par-dessus toutes choses.

Ce qui précède concerne le prochain ; maintenant, il sera question de l'amour à son égard, ou de la charité.

100.   Bien des personnes s'imaginent que l'amour à l'égard du prochain consiste à donner aux pauvres, à secourir les indigents et à faire du bien à chacun indistinctement ; mais la charité consiste à agir avec prudence, et pour cette seule fin qu'il en résulte du bien. Celui qui secourt quelque pauvre ou quelque indigent malfaisant, fait par lui du mal au prochain ; car par le secours qu'il donne à cet être malfaisant, il le confirme dans le mal et lui fournit le moyen de faire du mal aux autres. Il en est autrement de celui qui vient au secours des bons.

101.   Mais la charité s'étend bien au-delà des pauvres et des indigents ; car la charité consiste à agir en tout avec droiture, et à remplir son devoir dans toute fonction. Si le juge rend la justice pour la justice, il exerce la charité ; s'il punit le coupable et absout l'innocent, il exerce la charité, car il pourvoit ainsi aux

intérêts du concitoyen et de la patrie. Le prêtre qui enseigne le vrai et conduit au bien, pour le vrai et le bien, exerce la charité ; mais celui qui agit ainsi pour lui-même et pour le monde, n'exerce pas la charité ; car ce n'est pas le prochain qu'il aime, mais lui-même.

102.　Il en est de même de tous les autres hommes, qu'ils remplissent quelque fonction, ou qu'ils n'en remplissent point ; il en est ainsi des enfants à l'égard des parents, des parents à l'égard des enfants ; des serviteurs à l'égard des maîtres, et des maîtres à l'égard des serviteurs ; des sujets à l'égard du roi, et du roi à l'égard des sujets. Ceux d'entre eux qui remplissent leur devoir d'après le sens du devoir, et pratiquent la justice à cause de la justice, exercent la charité.

103.　Que ces choses fassent partie de l'amour à l'égard du prochain ou de la charité, cela provient de ce que, comme il l'a déjà été dit, chaque homme est le prochain, mais d'une manière différente ; une société, petite et grande, est davantage le prochain qu'un seul homme ; la patrie encore davantage ; l'Église encore davantage ; le Royaume du Seigneur encore davantage ; et le Seigneur par-dessus tous. Enfin, dans un sens universel, c'est le bien qui procède du Seigneur qui est le prochain ; il s'ensuit que la sincérité et la justice sont également le prochain, et c'est pourquoi celui qui fait un bien quelconque pour le bien et qui agit avec sincérité et justice, à cause de la sincérité et de la justice, aime le prochain et exerce la charité, car il agit d'après l'amour de ce qui est bien, sincère et juste, et ainsi par amour pour ceux dans lesquels il y a le bien, la sincérité et la justice.

104.　Ainsi, la charité est une affection intérieure, d'après laquelle l'homme veut faire le bien, et cela sans rémunération ; car le plaisir de sa vie est d'agir de la sorte. Chez ceux qui font le bien d'après l'affection intérieure, la charité est dans chacune des choses qu'ils pensent et disent, veulent et font. On peut dire que l'homme et l'ange, quant à leurs intérieurs, sont la charité lorsque le bien est pour eux le prochain. C'est aussi loin que cela que s'étend la charité.

105.　Ceux qui ont pour fin l'amour de soi et l'amour du monde ne peuvent nullement être dans la charité et ne comprennent nullement que vouloir et faire du bien au prochain, sans but de récompense, ce soit le ciel dans l'homme, et qu'il y ait dans cette affection une aussi grande félicité que celle dans laquelle sont les anges du ciel, félicité qui est ineffable. En effet, ils croient que s'ils étaient privés de la joie qu'ils tirent de la gloire provenant des honneurs et des richesses, il ne resterait plus aucune joie ; et cependant, c'est alors seulement que commence la joie céleste, qui surpasse infiniment toute autre joie.

LA FOI

108. Personne ne peut savoir ce qu'est la foi dans son essence s'il ignore ce qu'est la charité, parce que là où il n'y a point de charité, il n'y a point de foi ; en effet, la charité fait un avec la foi, comme le bien fait un avec le vrai. Or, ce que l'homme aime, ou ce qui lui est cher, est pour lui le bien, et ce que l'homme croit est pour lui le vrai. De là, il est évident qu'entre la charité et la foi, il y a la même union qu'entre le bien et le vrai. D'après ce qui a été dit dans le chapitre sur *Le Bien et le Vrai,* on peut voir en quoi consiste cette union.

109. L'union de la charité et de la foi est également semblable à celle qui existe entre la volonté et l'entendement chez l'homme ; car ce sont ces deux facultés qui reçoivent le bien et le vrai : la volonté, le bien et l'entendement, le vrai. Ainsi, ces deux facultés reçoivent aussi la charité et la foi, puisque le bien est chose de la charité et la vraie chose de la foi. Chacun sait que la charité et la foi sont chez l'homme et dans l'homme ; et puisqu'elles sont chez lui et en lui, elles ne peuvent être que dans sa volonté et dans son entendement, car toute la vie de l'homme est là et vient de là. L'homme a aussi la mémoire, mais celle-ci n'est qu'un vestibule où sont rassemblées les choses qui doivent entrer dans l'entendement et la volonté, Il est évident, d'après ce qui précède, qu'entre la charité et la foi, il y a la même union qu'entre la volonté et l'entendement. En quoi cette union consiste, on peut le voir par ce qui a été dit dans le chapitre sur *La Volonté et l'Entendement.*

110. La charité se conjoint à la fois chez l'homme, quand ce dernier veut ce qu'il sait et perçoit : vouloir se rapporte à la charité, savoir et percevoir à la Foi. La foi entre dans l'homme et lui appartient réellement quand il veut et aime ce qu'il sait et perçoit ; avant cela, elle est en dehors de lui.

111. La foi n'est pas pour l'homme la foi, à moins d'être spirituelle et elle ne devient spirituelle que lorsqu'elle devient chose de l'amour ; et elle devient chose de l'amour quand l'homme aime à vivre le vrai et le bien, c'est-à-dire vivre selon ce qui est prescrit dans la Parole.

112.   La foi est l'affection du vrai, provenant de vouloir le vrai parce qu'il est le vrai ; et «vouloir le vrai parce qu'il est le vrai», c'est le «spirituel» même de l'homme ; en effet, ce «spirituel» est entièrement séparé du «naturel» qui consiste à vouloir le vrai non pour le vrai, mais pour la gloire de soi-même, pour la réputation ou pour le lucre. Abstraction faite de ces motifs, le vrai est spirituel, parce qu'il vient du Divin. Ce qui procède du Divin est spirituel et se conjoint à l'homme par l'amour ; car l'amour est une conjonction spirituelle.

113.   L'homme peut savoir, penser et comprendre beaucoup de choses, mais celles qui ne concordent pas avec son amour, il les rejette loin de lui quand, livré à lui-même, il réfléchit. Pour la même raison, il les rejette aussi après la vie du corps quand il est en esprit ; car, dans l'esprit de l'homme, il ne reste que ce qui est entré dans son amour ; les autres choses, après la mort, sont regardées comme étrangères ; et parce qu'elles ne sont pas choses de son amour, il les expulse de la maison. Il est dit «dans l'esprit de l'homme» parce que l'homme vit esprit après la mort.

114.   On peut se former une idée du bien qui est le bien de la charité et du vrai qui est le vrai de la foi par comparaison avec la lumière et la chaleur du soleil. Quand la lumière qui procède du soleil est conjointe à la chaleur, ce qui arrive au printemps et en été, toutes les productions de la terre germent et fleurissent ; mais quand dans la lumière il n'y a point de chaleur, comme en hiver, toutes les productions de la terre languissent et sont dans un état de mort ; or, la lumière spirituelle est le vrai de la foi, et la chaleur spirituelle est l'amour. D'après cela, on peut se former une idée de ce qu'est l'homme de l'Église, quand, en lui, la foi est conjointe à la charité, à savoir qu'il est comme un jardin ou un paradis, et de ce qu'est l'homme quand, en lui, la foi n'est pas conjointe à la charité, à savoir, qu'il est comme un désert ou comme une terre couverte de neige.

115.   La confiance ou l'assurance, qui se dit de la foi et qui est appelée la foi même qui sauve, est une confiance ou une assurance naturelle, et non pas spiri-tuelle, quand elle provient de la foi seule. Par contre, la confiance ou assurance spirituelle tire son essence et sa vie du bien de l'amour, mais non pas du vrai de la foi séparée (de la charité). La confiance de la foi séparée est morte ; c'est pour cela que la vraie confiance ne peut pas exister chez ceux qui mènent une vie mauvaise ; quant à la confiance basée sur l'assurance qu'on est sauvé à cause du mérite du Seigneur auprès du Père, quelle qu'ait été la vie vécue, elle n'existe pas non plus d'après le vrai. Tous ceux qui sont dans la foi spirituelle ont la confiance

qu'ils sont sauvés par le Seigneur, car ils croient que le Seigneur est venu dans le monde pour donner la vie éternelle à ceux qui croient et vivent selon les préceptes qu'Il a enseignés et que Lui seul les régénère et les rend propres pour le ciel, cela par pure miséricorde, sans le secours de l'homme.

116.   Croire les choses qu'enseigne la Parole, ou qu'enseigne la doctrine de l'Église, et n'y point conformer sa vie, semble être la foi. Quelques-uns même s'imaginent qu'ils sont sauvés par elle ; mais personne ne peut être sauvé par une telle foi, car c'est une foi persuasive, de la qualité de laquelle il sera maintenant parlé.

117.   Avoir la foi persuasive, c'est croire et aimer la Parole et la doctrine de l'Église, non pour le vrai et la vie selon le vrai, mais pour le lucre, les honneurs et le désir de passer pour érudit. Aussi ceux qui sont dans cette foi tournent-ils leurs regards non vers le Seigneur et le ciel, mais vers eux-mêmes et le monde. Ceux qui, dans le monde, nourrissent de grandes ambitions et ont de nombreux désirs sont plus fortement persuadés que ce qu'enseigne la doctrine de l'Église est le vrai, que ceux qui n'ont pas de telles ambitions et de tels désirs ; la raison en est que la doctrine de l'Église n'est pour ceux-là qu'un moyen d'arriver à leurs fins, et qu'autant ils désirent les fins, autant ils aiment les moyens et ont foi en eux. Mais voici ce qu'il en est : Autant ils sont dans le feu des amours de soi et du monde, et parlent, prêchent et agissent d'après ce feu, autant ils sont dans une telle persuasion, et alors, ils ne savent rien, sinon que la chose est ainsi. Mais quand ils ne sont point dans le feu de leurs amours, ils croient peu, et même certains d'entre eux ne croient rien. De là, il est évident que la foi persuasive est une foi de bouche et non de cœur, et qu'ainsi, en elle-même, elle n'est pas la foi.

118.   Ceux qui sont dans la foi persuasive ne savent d'après aucune perception interne si les choses qu'ils enseignent sont des vrais ou des faux. Bien plus, ils ne s'en soucient même pas, pourvu qu'elles soient crues du public ; car ils ne sont dans aucune affection du vrai pour le vrai. C'est pourquoi, s'ils sont privés des honneurs et des profits, ils se détachent de la foi, pourvu que leur réputation ne coure aucun danger ; car la foi persuasive n'est point intérieurement chez l'homme, mais elle est en dehors, dans la mémoire seulement, d'où elle est tirée, lorsqu'elle est enseignée. C'est pourquoi aussi, après la mort, cette foi se dissipe avec ses vrais. En effet, il ne reste alors de la foi que ce qui est intérieurement dans l'homme, c'est-à-dire ce qui a été enraciné dans le bien, par conséquent ce qui est devenu chose de la vie.

119. Ceux qui sont dans la foi persuasive sont décrits en ces termes dans Matthieu :

«Plusieurs Me diront en ce jour-là : Seigneur, Seigneur, n'avons-nous pas prophétisé en ton nom ? N'avons-nous pas chassé les démons en ton nom ? N'avons-nous pas fait beaucoup de miracles en ton nom ? Alors, je leur dirai ouvertement : je ne vous ai jamais connus... ouvriers d'iniquité [13]. »

Puis, dans Luc :

«Alors vous commencerez à dire : Nous avons mangé et bu devant Toi et Tu as enseigné dans nos places. Mais Il répondra : je vous le dis, je ne sais d'où vous êtes ; retirez-vous de Moi, vous tous, ouvriers d'iniquité [14]. »

Ils sont aussi entendus par les cinq vierges insensées, qui n'avaient point d'huile dans leur lampe, dans Matthieu :

«Plus tard, les autres vierges vinrent et dirent : Seigneur ! Seigneur ! Ouvre-nous. Mais Il répondit : je vous le dis, en vérité je ne vous connais point [15]. »

L'huile dans les lampes, c'est le bien de l'amour dans la foi.

---

[13] Matth., 7 : 22-23.
[14] Luc, 13 : 26-27.
[15] Matth., 25 : 11-12.

LA PIÉTÉ

123.   Nombreux sont ceux qui croient que la vie spirituelle, ou la vie qui conduit au ciel, consiste dans la piété, dans la sainteté externe et dans le renoncement au monde. Mais la piété sans la charité, la sainteté externe sans la sainteté interne, et le renoncement au monde sans la vie dans le monde, ne font point la vie spirituelle ; ce qui la fait, c'est la piété d'après la charité, la sainteté externe d'après la sainteté interne et le renoncement au monde avec la vie dans le monde.

124.   La piété consiste à penser et à parler pieusement, à s'adonner beaucoup à la prière, à se comporter avec humilité, à fréquenter les temples et y écouter avec dévotion les prédications, à participer fréquemment chaque année au sacrement de la Sainte Cène et à assister aux autres cérémonies du culte selon les statuts de l'Église. Mais la vie de la charité consiste à vouloir et à faire du bien au prochain, à agir selon la justice et l'équité, le bien et le vrai dans toute action et dans tout emploi. En un mot, elle consiste à accomplir des usages. Or, le culte divin concerne en premier lieu la vie de la charité ; en second lieu seulement la vie de la piété. C'est pourquoi celui qui sépare l'une de l'autre, c'est-à-dire celui qui mène la vie de la piété, et non en même temps la vie de la charité, ne rend pas un culte à Dieu. Il pense à Dieu, il est vrai ; toutefois, ce n'est pas d'après Dieu, mais d'après lui-même ; car il pense continuellement à lui-même et nullement au prochain ; ou s'il pense au prochain, il le méprise, à moins que ce dernier ne soit semblable à lui. Il considère en outre le ciel comme étant une récompense, ce qui fait que son esprit est imbu de l'idée du mérite et de l'amour de soi. De plus, il méprise ou néglige les usages, et par conséquent son prochain ; en même temps il se croit exempt de fautes. On peut voir par là que la vie de la piété, séparée de la vie de la charité, n'est point la vie spirituelle qui doit être dans le culte divin [16].

125.   La sainteté externe est semblable à la piété externe et consiste principalement à croire que le culte divin ne comporte pas autre chose que d'observer une attitude sainte, quand on est dans un lieu de culte. Mais cela, chez l'homme, n'est pas quelque chose de saint à moins que son interne ne soit saint ; car tel

---

[16] Cf. Matth., 6: 7-8.

est l'homme quant à son interne, tel il est quant à son externe; en effet, celui-ci procède de celui-là, comme l'action procède de son esprit. C'est pourquoi la sainteté externe sans la sainteté interne est naturelle et non spirituelle; elle peut, par conséquent, se trouver chez les méchants comme chez les bons. Ceux qui placent en elle tout le culte sont pour l'ordinaire vides, c'est-à-dire entièrement dépourvus des connaissances du bien et du vrai; et cependant, les biens et les vrais sont précisément les choses saintes que l'on doit savoir, croire et aimer, parce qu'elles viennent du Divin, et que le Divin est en elles. La sainteté interne consiste donc à aimer le bien et le vrai pour le bien et le vrai, et aussi ce qui est juste et sincère, parce que c'est juste et sincère. Autant l'homme aime ces choses de cette manière, autant il est spirituel ainsi que son culte, car autant aussi il veut les savoir et les faire; mais autant l'homme ne les aime pas de cette manière, autant il est naturel ainsi que son culte, et autant aussi il ne veut ni les savoir ni les faire. Le culte externe sans le culte interne peut être comparé à la vie de la respiration sans la vie du cœur, et le culte externe d'après le culte interne à la vie de la respiration conjointe à la vie du cœur.

126.   Quant à ce qui concerne le renoncement au monde, beaucoup de personnes croient que renoncer au monde, et vivre par l'esprit et non par la chair, c'est rejeter les choses du monde, qui sont principalement les richesses et les honneurs, être continuellement en pieuses méditations sur Dieu, sur le salut et sur la vie éternelle, passer sa vie à prier, à lire la Parole et des livres pieux, et à se mortifier. Mais ce n'est point là «renoncer au monde». En vérité, renoncer au monde, c'est aimer Dieu et le prochain. Or, Dieu est aimé par l'homme, lorsque ce dernier vit selon Ses préceptes, et le prochain est aimé quand l'homme accomplit des usages. C'est pourquoi, pour que l'homme reçoive la vie du ciel, il doit absolument vivre dans le monde et là, dans les emplois et les affaires. La vie détachée des choses du monde, c'est la vie de la pensée et de la foi séparée d'avec la vie de l'amour et de la charité; dans une telle vie, il n'y a plus ni bonne volonté, ni bonne action à l'égard du prochain; et quand cela arrive, la vie spirituelle est comme une maison sans fondements qui, peu à peu, ou s'affaisse ou se fend et s'entr'ouvre, ou encore chancelle jusqu'à ce qu'elle s'écroule.

127.   Que faire le bien, ce soit rendre un culte au Seigneur, c'est ce que prouvent ces paroles du Seigneur Lui-même:

«Quiconque entend Mes paroles et les met en pratique, je le comparerai à un homme prudent qui a bâti sa maison sur le roc. Mais quiconque entend Mes paroles et ne les met pas en pratique, sera comparé à un homme insensé qui a bâti sa maison sur le sable [17] » ou « sur le sol sans fondement [18]. »

128.   D'après ces considérations, il est évident que la vie de la piété n'a de valeur et n'est acceptée du Seigneur que dans la mesure où la vie de la charité lui a été conjointe ; car celle-ci est la principale, et telle est celle-ci, telle est l'autre. De même, la sainteté externe n'a de valeur et n'est acceptée du Seigneur, qu'autant qu'elle procède de la sainteté interne ; car telle est celle-ci, telle est l'autre. Et encore, le renoncement au monde n'a de valeur et n'est accepté du Seigneur qu'autant qu'il se fait dans le monde ; ceux-là renoncent au monde qui éloignent d'eux l'amour de soi et du monde, et agissent dans toute fonction, dans toute affaire et dans tout travail, avec justice et sincérité, d'après une disposition intérieure et par conséquent céleste. En effet, cette disposition est inhérente à la vie de tout homme qui agit avec équité, sincérité et justice, parce que cela est conforme aux lois divines.

---

[17] Matth., 7: 24-27.
[18] Luc, 6: 47-49.

LA CONSCIENCE

130. La conscience est formée, chez l'homme, d'après ses principes religieux et dans la mesure où il les a reçus intérieurement.

131. La conscience, chez l'homme de l'Église, est formée par les vrais de la foi d'après la Parole, ou d'après une doctrine tirée de la Parole, selon la réception de ces vrais dans son cœur. En effet, quand l'homme a appris à connaître les vrais de la foi et les comprend à sa manière, et qu'ensuite il les veut et agit en conséquence, il se forme alors en lui une conscience ; les recevoir dans le cœur, c'est les recevoir dans la volonté, car c'est la volonté de l'homme qui est appelée cœur. De là vient que ceux qui ont une conscience disent de cœur ce qu'ils disent et font de cœur ce qu'ils font. Leur mental n'est pas divisé, car ils agissent selon ce qu'ils comprennent et croient être vrai et bien.

132. Chez ceux qui, plus que d'autres, sont éclairés par les vrais de la foi et qui, plus que d'autres, jouissent d'une perception claire, il peut y avoir une conscience plus parfaite que chez ceux qui sont moins éclairés et dans une perception obscure.

133. La vie spirituelle même de l'homme est dans la vraie conscience, car sa foi y est conjointe à la charité ; c'est pourquoi agir d'après la conscience, c'est agir d'après la vie spirituelle et agir contre la conscience, c'est agir contre la vie spirituelle. De là vient que l'homme est dans la tranquillité de la paix et la félicité interne quand il agit selon la conscience, et dans l'inquiétude et la douleur quand il agit contre elle. C'est cette douleur qui est appelée remords de conscience.

134. Il y a chez l'homme la conscience du bien et la conscience du juste. La conscience du bien est la conscience de l'homme interne, et la conscience du juste celle de l'homme externe. La conscience du bien consiste à agir selon les préceptes de la foi d'après une affection interne ; et la conscience du juste, à agir selon les lois civiles et morales d'après une affection externe. Ceux qui ont la conscience du bien ont aussi la conscience du juste ; ceux qui ont seulement

la conscience du juste sont dans la faculté de recevoir la conscience du bien, et même ils la reçoivent quand ils ont été instruits.

135.   La conscience, chez ceux qui sont dans la charité à l'égard du prochain, est la conscience du vrai, parce qu'elle est formée par la foi du vrai. Par contre, chez ceux qui sont dans l'amour envers le Seigneur, elle est la conscience du bien, parce qu'elle est formée par l'amour du vrai. La conscience de ces derniers est une conscience supérieure et est appelée la «perception du vrai d'après le bien». Ceux qui ont la conscience du vrai sont du Royaume spirituel du Seigneur; mais ceux qui ont la conscience supérieure, appelée «perception», sont du Royaume céleste du Seigneur.

136.   Quelques exemples montreront clairement ce qu'est la conscience: Quelqu'un a chez lui les biens d'un autre, sans que cet autre le sache. Ainsi, il peut en tirer profit sans craindre la loi ou encore la perte de son honneur et de sa réputation. Si, cependant, il les rend parce qu'ils ne lui appartiennent pas, il a de la conscience, car il fait le bien parce que c'est le bien et ce qui est juste parce que c'est juste. Ou encore: Quelqu'un peut obtenir une dignité, mais il voit qu'un autre, qui la recherche aussi, est plus utile que lui à sa patrie. Si, considérant le bien de sa patrie, il lui cède la place, il a une bonne conscience. De même pour d'autres cas.

137.   D'après ces exemples, et par antithèse, on peut voir quels sont ceux qui n'ont pas de conscience. Par exemple, ceux qui, pour un gain quelconque, font que ce qui est injuste paraisse comme juste et que ce qui est mal paraisse comme bien, ou inversement, n'ont pas de conscience; ils ignorent ce qu'est la conscience, et si on le leur explique, ils restent incrédules. D'aucuns même ne veulent pas le savoir. Tels sont ceux qui, dans tout ce qu'ils font, n'ont en vue qu'eux-mêmes et le monde.

138.   Ceux qui n'ont pas reçu la conscience dans le monde ne peuvent la recevoir dans l'autre vie; ainsi, ils ne peuvent pas être sauvés. En effet, ils n'ont pas le plan dans lequel influe le ciel, ou plutôt le Seigneur par le ciel, et par lequel le Seigneur peut opérer et les amener à Lui; car la conscience est le plan et le réceptacle de l'influx du ciel.

LA LIBERTÉ

141.   Toute liberté est en fonction de l'amour, car ce que l'homme aime, il l'accomplit librement; par suite, toute liberté est en fonction de la volonté, car l'homme veut ce qu'il aime. Et puisque l'amour et la volonté font la vie de l'homme, la liberté la fait aussi. D'après ces considérations, on peut voir ce qu'est la liberté: c'est ce qui appartient à l'amour et à la volonté, et par suite à la vie de l'homme. De là vient que tout ce que l'homme accomplit librement lui semble provenir de son propre.

142.   La liberté de faire le mal n'est la liberté qu'en apparence; en réalité, c'est un esclavage, parce que cette liberté a son origine dans l'amour de soi et l'amour du monde qui, tous deux, proviennent de l'enfer. Une telle liberté est même changée en une réelle servitude après la mort, car l'homme qui a été dans cette liberté devient alors dans l'enfer un vil esclave. Mais faire le bien librement est la liberté même, parce que cela découle de l'amour envers le Seigneur et de l'amour à l'égard du prochain, et que ces amours proviennent du ciel. Cette liberté demeure aussi après la mort et devient alors la vraie liberté, car l'homme qui a été dans une telle liberté devient dans le ciel comme un fils de la maison. Le Seigneur l'enseigne par ces paroles:
« Quiconque se livre au péché est esclave du péché. L'esclave ne demeure point dans la maison à perpétuité; le fils y demeure à perpétuité. Si donc le Fils vous affranchit, vous serez véritablement libres [19]. »

Maintenant, puisque tout bien vient du Seigneur, et que tout mal vient de l'enfer, il s'ensuit que la liberté consiste à être conduit par le Seigneur et l'esclavage à être conduit par l'enfer.

143.   Si l'homme est libre de penser le mal et le faux, et aussi de le faire en tant que les lois ne l'en empêchent pas, c'est afin qu'il puisse être réformé; car les biens et les vrais doivent être implantés dans son amour et dans sa volonté, pour qu'ils deviennent choses de sa vie; et cela ne peut pas être fait, à moins qu'il n'ait la liberté de penser tant le mal et le faux que le bien et le vrai. Cette

---

[19] Jean, 8: 34-36.

liberté est donnée à chacun par le Seigneur : autant l'homme pense le bien et le vrai, autant il n'aime pas le mal et le faux ; autant aussi le Seigneur implante le bien et le vrai dans son amour et dans sa volonté, par conséquent dans sa vie, et ainsi le réforme. Ce qui est semé dans un état de liberté demeure, mais ce qui l'est dans un état de contrainte ne reste point, parce que tout ce qui est fait par contrainte provient, non de la volonté de l'homme, mais de la volonté de celui qui contraint. C'est même pour cela que le culte que l'homme rend au Seigneur dans un état libre Lui plaît, mais non le culte rendu dans un état de contrainte ; en effet, le premier découle de l'amour, ce qui n'est pas le cas du second.

144. La liberté de faire le bien et la liberté de faire le mal, quoiqu'extérieurement semblables en apparence, sont aussi différentes entre elles et aussi distantes l'une de l'autre que le ciel et l'enfer. La liberté de faire le bien vient du ciel et est appelée liberté céleste ; mais la liberté de faire le mal vient de l'enfer, et est appelée liberté infernale. Or, autant l'homme est dans l'une, autant il n'est pas dans l'autre, car personne ne peut servir deux maîtres [20]. Cela ressort aussi du fait que ceux qui sont dans la liberté infernale croient que la servitude et la contrainte, c'est de ne pas avoir la permission de vouloir le mal et de penser le faux à leur gré ; tandis que ceux qui sont dans la liberté céleste éprouvent de l'horreur à l'idée de vouloir le mal et de penser le faux ; s'ils y étaient contraints, ils en éprouveraient du tourment.

145. Puisqu'il semble à l'homme qu'agir d'après la liberté c'est agir d'après son propre, il s'ensuit que la liberté céleste peut être aussi appelée le « propre céleste », et la liberté infernale le « propre infernal ». C'est dans le propre infernal que l'homme naît, et ce propre est le mal ; mais c'est en un propre céleste qu'il est réformé, et ce propre est le bien.

146. D'après ce qui vient d'être dit, on peut voir ce qu'est le *libre arbitre* : c'est faire le bien d'après son arbitre ou sa volonté ; seuls ceux qui sont dans cette liberté sont conduits par le Seigneur ; or, le Seigneur conduit ceux qui aiment le bien et le vrai pour le bien et le vrai.

147. L'homme peut connaître quel genre de liberté est la sienne d'après le plaisir qu'il éprouve quand il pense, parle, agit, entend et voit ; car tout plaisir appartient à l'amour.

---

[20] Matth., 6: 24.

53

LE MÉRITE

150.   Ceux qui font le bien pour avoir du mérite, le font non par amour du bien, mais par amour de la récompense, car vouloir mériter c'est vouloir être récompensé. Ceux qui agissent ainsi, recherchent et placent leur plaisir dans la récompense, et non dans le bien ; c'est pourquoi ils ne sont point spirituels, mais naturels.

151.   Le bien, qui est le bien, ne peut être fait que d'après l'amour du bien, ainsi pour le bien. Ceux qui sont dans cet amour ne veulent pas entendre parler de mérite, car ce qu'ils aiment, c'est faire le bien et c'est en cela qu'ils éprouvent du bonheur. Au contraire, ils sont attristés si l'on croit qu'ils agissent pour quelque avantage personnel. Il en est de cela à peu près comme lorsqu'un homme fait du bien à des amis à cause de l'amitié, à un frère à cause de la fraternité, à son épouse et à ses enfants parce qu'ils sont épouse et enfants, à la patrie à cause de la patrie, ainsi par amitié et par amour. Celui qui pense d'une manière juste à ce sujet reconnaîtra et maintiendra qu'en effet cet homme fait le bien non pour lui-même, mais pour ceux-là.

152.   Ceux qui font le bien en vue de la récompense ne font pas le bien qui vient du Seigneur ; ils agissent d'après eux-mêmes, car c'est eux-mêmes qu'ils considèrent en premier lieu, parce qu'ils considèrent leur propre bien ; quant au bien du prochain, c'est-à-dire du concitoyen, d'une société d'hommes, de la patrie ou de l'Église, ils ne le considèrent que comme un moyen pour leurs fins. De là vient que dans le bien fait en vue du mérite, est caché le bien de l'amour de soi et du monde. Ce bien procède de l'homme et non du Seigneur. Or, tout bien qui procède de l'homme n'est point le bien ; et même en tant qu'il y a caché en lui quelque chose de soi ou du monde, il est le mal.

153.   La charité réelle et la foi réelle sont exemptes de toute idée de mérite, car le plaisir de la charité est le bien même, et le plaisir de la foi est le vrai même. C'est pourquoi ceux qui sont dans cette charité et dans cette foi savent ce qu'est le bien fait sans idée de mérite, mais ceux qui ne sont pas dans la charité et la foi ne le savent point.

154. Qu'on ne doit pas faire le bien en vue de la récompense, le Seigneur Lui-même l'enseigne dans Luc :

« Si vous aimez ceux qui vous aiment, quel gré vous en saura-t-on ? Les pécheurs aussi agissent de même... Aimez plutôt vos ennemis, faites du bien, et prêtez sans rien espérer ; alors, votre récompense sera grande, et vous serez des fils du Très-Haut [21]. »

Il enseigne aussi, dans Jean, que l'homme ne peut par lui-même faire le bien qui soit réellement le bien : « Un homme ne peut recevoir que ce qui lui a été donné du ciel [22]. »

Et ailleurs :

« Jésus dit : je suis le cep ; vous êtes les sarments. »

« Comme le sarment ne peut de lui-même porter du fruit, s'il ne demeure attaché au cep, ainsi vous ne le pouvez non plus, si vous ne demeurez en Moi. »

« Celui qui demeure en Moi et en qui je demeure porte beaucoup de fruits, car sans Moi vous ne pouvez rien faire [23]. »

155. Étant donné que tout bien et tout vrai viennent du Seigneur et nullement de l'homme, et que le bien qui vient de l'homme n'est pas le bien, il s'ensuit que le mérite n'appartient à aucun homme, mais, au Seigneur seul. Le mérite du Seigneur consiste en ceci : que, par Sa propre puissance, Il a sauvé le genre humain, et aussi dans le fait qu'Il sauve ceux qui font le bien d'après Lui. C'est pourquoi la Parole appelle « juste » celui à qui sont attribués le mérite et la justice du Seigneur, et « injuste » celui à qui sont attribués sa propre justice et son propre mérite.

156. Le plaisir inhérent à l'amour de faire le bien sans aucun but de rémunération constitue lui-même la récompense qui demeure éternellement, car le ciel et la félicité éternelle sont implantés dans ce bien par le Seigneur.

157. Penser et croire que ceux qui font le bien vont au ciel, et aussi qu'il faut faire le bien pour aller au ciel, ce n'est point regarder la récompense comme fin, ni par conséquent placer le mérite dans les œuvres, car ceux qui font le bien d'après le Seigneur pensent et croient de même. Mais ceux qui pensent, croient

---

[21] Luc, 6: 32-35.
[22] Jean, 3: 27.
[23] Jean, 1: 4-8.

et agissent ainsi, et qui ne sont point dans l'amour du bien pour le bien, regardent la récompense comme fin et placent le mérite dans les œuvres.

LA REPENTANCE
ET LA RÉMISSION DES PÉCHÉS

159.   Celui qui veut être sauvé doit confesser ses péchés et faire œuvre de repentance.

160.   *Confesser ses péchés,* c'est connaître les maux, les voir chez soi, les reconnaître, s'en déclarer coupable, et, à cause d'eux, se condamner. Faire cela devant Dieu, c'est confesser ses péchés.

161.   *Faire œuvre de repentance,* c'est, après avoir ainsi confessé ses péchés, et en avoir demandé d'un cœur humble la rémission, y renoncer et mener une vie nouvelle selon les préceptes de la charité et de la foi.

162.   Celui qui se reconnaît pécheur seulement d'une manière générale et se déclare coupable de tous les maux sans s'examiner — c'est-à-dire sans voir ses péchés— fait une confession, mais non la confession de la repentance. Ne connaissant pas ses propres maux, il vit ensuite comme auparavant.

163.   Celui qui vit la vie de la charité et de la foi fait chaque jour œuvre de repentance. Il réfléchit sur les maux qui sont en lui, il les reconnaît, il s'en garde, il supplie le Seigneur de le secourir. En effet, l'homme, par lui-même, tombe continuellement, mais il est continuellement relevé par le Seigneur et conduit vers le bien. Tel est l'état de ceux qui sont dans le bien. Ceux, au contraire, qui sont dans le mal, tombent aussi continuellement, et sont aussi continuellement relevés par le Seigneur; toutefois, ils sont seulement retenus sur la pente du mal, de peur qu'ils ne tombent dans les maux les plus graves, vers lesquels, laissés à eux-mêmes, ils tendent de toutes leurs forces.

164.   L'homme qui s'examine pour faire œuvre de repentance doit examiner ses pensées et les intentions de sa volonté, et y rechercher ce qu'il ferait s'il en avait la licence, c'est-à-dire s'il ne craignait la loi, la perte de la réputation, de l'honneur et du gain. En effet, c'est dans ses pensées et ses intentions que résident les maux chez l'homme, car ceux qu'il fait au moyen de son corps provien-

nent tous de là. Ceux donc qui n'examinent pas les maux de leur pensée et de leur volonté ne peuvent faire œuvre de repentance, car ils pensent et veulent par la suite comme auparavant ; et cependant vouloir les maux, c'est les faire. Voilà ce que c'est que de s'examiner.

165. La repentance des lèvres sans celle de la vie n'est point la repentance. Par la repentance des lèvres, les péchés ne sont point remis, mais ils le sont par la repentance de la vie. A vrai dire, le Seigneur pardonne (remet) continuellement à l'homme ses péchés, car Il est la miséricorde même ; pourtant, ceux-ci restent attachés, bien que l'homme les croie remis : ils ne peuvent être éloignés que par une vie selon les préceptes de la vraie foi. En effet, autant l'homme vit selon ces préceptes, autant ses péchés sont éloignés, et autant ils sont éloignés, autant ils sont remis.

166. On croit que quand les péchés sont remis, ils sont effacés ou pour ainsi dire lavés, comme des souillures le sont avec de l'eau. Toutefois, ils ne sont point effacés, mais éloignés, c'est-à-dire que l'homme en est détourné, quand il est tenu dans le bien par le Seigneur. Or, quand il est dans cet état, il semble à l'homme qu'il soit sans péchés, autrement dit que ses péchés soient effacés ; et autant l'homme est réformé, autant il peut être tenu dans le bien. Dans l'article doctrinal qui suit et qui traite de la régénération, il sera montré comment l'homme est réformé. Quiconque croit que les péchés sont remis d'une manière différente est grandement dans l'erreur.

167. Les signes auxquels on peut reconnaître que les péchés ont été remis, c'est-à-dire éloignés, sont les suivants : On éprouve du plaisir en adorant Dieu pour Dieu, en servant le prochain pour le prochain, ainsi en faisant le bien pour le bien, et en prononçant le vrai pour le vrai ; on ne veut tirer aucun mérite des actes inspirés par la charité et la foi ; on fuit et on a en aversion les maux, tels que les inimitiés, les haines, les vengeances, les adultères ; on s'interdit même toute pensée accompagnée d'intention concernant ces maux. Par contre, on reconnaît que les péchés n'ont pas été remis, c'est-à-dire éloignés, par les signes suivants : On adore Dieu non pas pour Dieu, et l'on sert le prochain non pas pour le prochain, ainsi l'on fait le bien et prononce le vrai, non pour le bien, ni pour le vrai, mais pour soi et pour le monde ; on veut tirer du mérite des actes que l'on fait ; on n'éprouve aucun déplaisir dans les maux, par exemple dans l'inimitié, la haine, la vengeance et les adultères ; et, d'après ces maux, on porte en toute licence sa pensée sur eux.

168.   La repentance qui se fait dans un état de liberté est efficace, mais celle qui se fait dans un état de contrainte ne l'est pas. Les états de contrainte sont les états de maladie, d'abattement par suite d'infortune, de mort imminente, puis aussi tout état de crainte qui ôte l'usage de la raison. Le méchant qui, dans un état de contrainte, promet de faire œuvre de repentance et même fait le bien, retourne à sa précédente vie de mal dès qu'il se retrouve dans un état de liberté. Il en est autrement de l'homme bon.

169.   Après que l'homme s'est examiné, qu'il a reconnu ses péchés et fait œuvre de repentance, il doit rester constamment dans le bien jusqu'à la fin de sa vie ; car s'il retombe dans sa précédente vie de mal et s'y attache, il devient un profanateur, car alors il conjoint le mal au bien, ce qui fait que son dernier état est pire que le premier, selon ces paroles du Seigneur :

« Quand l'esprit impur sort d'un homme, il parcourt des lieux arides, cherchant du repos, mais il n'en trouve point. Alors, il dit : je retournerai dans ma maison d'où je suis sorti ; et quand il arrive, il la trouve vide, balayée et ornée (pour lui). Alors, il s'en va et s'adjoint sept autres esprits pires que lui ; étant entrés, ils s'y établissent *et le dernier état de cet homme devient pire que le premier*[24]. »

---

[24] Matth., 1 : 2 : 43-45.

LA RÉGÉNÉRATION

173.   Celui qui ne reçoit pas la vie spirituelle, c'est-à-dire : qui n'est pas engendré de nouveau par le Seigneur, ne peut entrer au ciel. Le Seigneur l'enseigne dans Jean :

« En vérité, en vérité, je te dis : Si quelqu'un n'est engendré de nouveau, il ne peut voir le Royaume de Dieu [25]. »

174.   L'homme, par ses parents, ne naît pas dans la vie spirituelle, mais dans la vie naturelle. La vie spirituelle, c'est aimer Dieu par-dessus toutes choses et le prochain comme soi-même ; et cela, selon les préceptes de la foi que le Seigneur a enseignés dans la Parole. Mais la vie naturelle, c'est s'aimer et aimer le monde plus que le prochain, et même plus que Dieu.

175.   Chaque homme, par ses parents, naît dans les maux de l'amour de soi et du monde. Tout mal que l'homme accomplit par habitude devient chez lui quelque chose de naturel et se transmet à ses enfants, c'est-à-dire que chacun l'hérite de ses parents, de ses grands-parents, de ses aïeux, et ainsi de suite, en remontant la longue ligne des ancêtres. En fin de compte, cette transmission atteint une telle ampleur que le tout de la vie propre de l'homme n'est que mal. Cet enchaînement héréditaire ne peut être rompu ou changé que par une vie de foi et de charité provenant du Seigneur.

176.   L'homme penche continuellement vers le mal qui procède de sa nature héréditaire, et y tombe. Par suite, il le confirme chez lui et y ajoute encore d'autres maux provenant de lui-même. Ces maux sont absolument contraires à la vie spirituelle ; ils la détruisent. Si donc l'homme ne reçoit du Seigneur une vie nouvelle, qui est la vie spirituelle, autrement dit s'il n'est conçu de nouveau, s'il ne naît de nouveau et s'il n'est éduqué de nouveau, en un mot s'il n'est créé de nouveau, il est damné. En effet, il ne veut que ce qui a rapport à lui-même et au monde, et par suite ne pense qu'à cela, comme on veut et pense en enfer.

177.   Nul ne peut être régénéré, s'il n'est instruit dans les choses qui concer-

---

[25] Jean, 3 : 3.

nent la vie nouvelle, c'est-à-dire la vie spirituelle. Ces choses sont les vrais qu'il faut croire et les biens qu'il faut faire ; ceux-là relèvent de la foi et ceux-ci de la charité. Nul ne peut les connaître par soi-même, car l'homme ne saisit que ce qui vient à portée de ses sens ; la lumière qu'il tire de ses sens est appelée lueur naturelle. Cette lueur ne lui permet de voir que les choses qui concernent le monde ou lui-même, mais non celles qui concernent le ciel et Dieu ; celles-ci, il ne peut les connaître que par révélation. Ainsi, il doit apprendre que le Seigneur, qui, de toute éternité, est Dieu, est venu dans le monde pour sauver le genre humain ; qu'à Lui appartient tout pouvoir dans le ciel et sur la terre ; que toutes les choses de la foi et toutes celles de la charité, par conséquent tout vrai et tout bien, viennent de Lui ; qu'il y a un ciel et un enfer ; que l'homme vit éternellement : dans le ciel, s'il a bien agi ; dans l'enfer, s'il a mal agi.

178.   Ces choses, et bien d'autres encore, appartiennent à la foi. Il faut que l'homme les connaisse avant d'être régénéré ; car celui qui les connaît est à même de les penser, ensuite de les vouloir, et enfin de les faire, et par là d'avoir une vie nouvelle. Pour exemple celui qui ne sait pas que le Seigneur est le Sauveur du genre humain ne peut avoir foi en Lui, ni L'aimer, ni, par conséquent, faire le bien à cause de Lui. Celui qui ne sait pas que tout bien vient du Seigneur ne peut pas même penser que son propre salut vient de Lui, ni à plus forte raison vouloir qu'il en soit ainsi ; par conséquent, il ne peut pas vivre par Lui. Celui qui ignore qu'il y a un enfer, qu'il y a un ciel et une vie éternelle, ne peut pas davantage penser à la vie du ciel, ni s'appliquer à la recevoir. Il en est de même pour bien d'autres choses.

179.   Il y a chez chacun un homme interne et un homme externe. L'homme interne est celui qui est appelé l'homme spirituel et l'homme externe celui qui est appelé l'homme naturel. L'un et l'autre doivent être régénérés pour que l'homme soit régénéré. Chez l'homme qui n'a pas été régénéré, l'homme externe ou naturel commande, et l'homme interne ou spirituel sert ; mais, chez celui qui a été régénéré, l'homme interne ou spirituel commande et l'homme externe ou naturel sert. De là, il est évident que chez l'homme, dès la naissance, l'ordre de la vie a été interverti, c'est-à-dire que ce qui doit commander sert, et que ce qui doit servir commande. Or, cet ordre-là doit être renversé pour que l'homme soit sauvé, et ceci n'est possible qu'au moyen de la régénération opérée par le Seigneur.

180.   Les exemples suivants permettent de comprendre ce qu'il faut entendre

par «l'homme interne commande» et «l'homme externe sert», et inversement si l'homme place le bien uniquement dans ce qui lui est agréable, dans le lucre et dans le faste. S'il trouve du plaisir dans la haine et la vengeance, et qu'intérieurement il cherche en lui-même des raisons qui le confirment dans ces sentiments, alors son homme externe commande et son homme interne sert. Mais s'il perçoit le bien et qu'il éprouve du plaisir à penser et à vouloir avec bonté, sincérité et justice, et à parler et agir pareillement, alors son homme interne commande et son homme externe sert.

181.   L'homme interne est d'abord régénéré par le Seigneur, et ensuite l'homme externe. Celui-ci l'est au moyen de celui-là. En effet, ce qui régénère l'homme interne, c'est de penser les choses qui appartiennent à la foi et à la charité, et ce qui régénère l'homme externe, c'est de vivre selon ces choses. C'est là ce que signifient ces paroles du Seigneur :

«Si quelqu'un n'est engendré d'eau et d'esprit, il ne peut entrer dans le Royaume de Dieu [26]. » L'eau, dans le sens spirituel, est le vrai de la foi, et l'esprit est la vie selon ce vrai.

182.   L'homme qui a été régénéré est dans le ciel quant à son homme interne ; il y est ange parmi les anges et se retrouve au milieu d'eux après la mort. Il peut alors vivre la vie du ciel, aimer le Seigneur et le prochain, comprendre le vrai, apprécier le bien et percevoir la béatitude qui en découle.

---

[26] Jean, 3: 5.

LA TENTATION

187. Seuls ceux qui sont en voie de régénération subissent des tentations spirituelles ; car les tentations spirituelles sont des douleurs du mental introduites par les mauvais esprits chez ceux qui sont dans les biens et dans les vrais. Quand ces esprits excitent les maux qui sont chez ces derniers, il se produit alors une anxiété qui est l'anxiété de la tentation. L'homme ne sait d'où elle vient, parce qu'il ne connaît pas cette origine.

188. En effet, il y a chez chaque homme des esprits bons et des esprits mauvais ; les mauvais sont dans ses maux et les bons sont dans ses biens. Lorsque ce sont les mauvais esprits qui s'avancent, ils réveillent les maux de cet homme. Au contraire, les bons esprits réveillent ses biens. Il en résulte une collision et un combat, qui se traduit pour l'homme par une anxiété intérieure, qui est la tentation. D'après cela, il est évident que les tentations sont produites par l'enfer et non par le ciel. Cela aussi est conforme à la foi de l'Église, qui est que Dieu ne tente personne.

189. Chez ceux qui ne sont pas dans les biens et dans les vrais, il y a aussi des anxiétés intérieures, mais ce sont des anxiétés naturelles, et non pas spirituelles, il y a entre elles cette différence que les anxiétés naturelles ont pour objet les choses du monde, tandis que les anxiétés spirituelles ont pour objet les choses du ciel.

190. Dans les tentations, il s'agit de la domination du bien sur le mal, ou du mal sur le bien. Le mal qui veut dominer est dans l'homme naturel ou externe, et le bien dans l'homme spirituel ou interne. Si le premier est vainqueur, alors l'homme naturel domine ; mais si c'est le bien, alors l'homme spirituel domine.

191. Ces combats se font par les vrais de la foi tirés de la Parole et c'est par leur moyen que l'homme doit combattre les maux et les faux. S'il se sert d'autres vrais pour combattre, il n'obtient pas la victoire, parce que le Seigneur ne se trouve pas en eux. Comme le combat se fait par les vrais de la foi, c'est pour cela que l'homme n'est pas admis à ce combat avant d'être dans les connaissances du

vrai et du bien, et d'avoir, par là, acquis quelque vie spirituelle. Voilà pourquoi ces combats n'existent pas chez l'homme avant qu'il soit parvenu à l'âge adulte.

192.   Si l'homme succombe, son état après la tentation est pire qu'auparavant ; en effet, le mal s'est alors acquis la puissance sur le bien ; et le faux la puissance sur le vrai.

193.   Comme aujourd'hui la foi est rare, parce qu'il n'y a point de charité, — car l'Église est arrivée à sa fin — il y a peu d'hommes, de nos jours, qui soient admis dans quelques tentations spirituelles. De là vient qu'on sait à peine ce qu'elles sont et à quoi elles servent.

194.   Les tentations servent à donner au bien la domination sur le mal, et au vrai la domination sur le faux ; puis aussi, à confirmer les vrais, et à les conjoindre aux biens, et en même temps à dissiper les maux et par suite les faux. Elles servent aussi à ouvrir l'homme interne spirituel, et à lui soumettre l'homme naturel ; puis encore, à réprimer les amours de soi et du monde et à dompter les convoitises qui en proviennent. Parvenu à ce résultat, l'homme est éclairé et perçoit ce qu'est le vrai et le bien, et ce qu'est le faux et le mal. Ainsi, il acquiert l'intelligence et la sagesse, qui ensuite croissent de jour en jour.

195.   Le Seigneur seul combat pour l'homme dans les tentations ; si ce dernier ne croit pas que le Seigneur seul combat pour lui, et remporte pour lui la victoire, c'est qu'il ne subit qu'une tentation externe qui ne lui est d'aucune utilité.

LE BAPTÊME

202. Le Baptême a été institué comme signe que l'homme est de l'Église, et comme témoignage qu'il doit être régénéré. En effet, l'ablution du baptême n'est autre chose que l'ablution spirituelle, qui est la régénération.

203. Toute régénération est opérée par le Seigneur au moyen des vrais de la foi et d'une vie selon ces vrais. Le baptême atteste donc que l'homme est de l'Église, et qu'il peut être régénéré ; car, dans l'Église, le Seigneur qui régénère l'homme est reconnu, et là aussi se trouve la Parole contenant les vrais de la foi par lesquels la régénération s'effectue.

204. C'est là ce que le Seigneur enseigne dans Jean :
« Si quelqu'un n'est engendré d'eau et d'esprit, il ne peut entrer dans le Royaume de Dieu[27]. » « L'eau », dans le sens spirituel, est le vrai de la foi d'après la Parole ; « l'esprit » est la vie selon ce vrai ; et « être engendré », c'est être régénéré par ces deux moyens.

205. Puisque tout homme en voie de régénération subit aussi des tentations, qui sont des combats spirituels contre les maux et les faux, les eaux du baptême représentent également les tentations.

206. Le baptême étant un signe et un témoignage de ces choses, l'homme peut être baptisé enfant ; s'il ne l'a pas été, il peut l'être adulte.

207. Que ceux qui ont été baptisés sachent donc que le baptême ne donne ni la foi, ni le salut ; mais qu'il atteste seulement que l'on doit recevoir la foi, et que l'on est sauvé, si l'on est régénéré.

208. On peut voir par là ce que signifient ces paroles du Seigneur dans Marc :

---

[27] Jean, 3: 5.

«Celui qui aura cru, et aura été baptisé, sera sauvé; mais celui qui n'aura pas cru, sera condamné[28].»

«Celui qui aura cru», c'est celui qui reconnaît le Seigneur, et reçoit de Lui les divins vrais de la Parole; «celui qui aura été baptisé», c'est celui que le Seigneur régénère par ces vrais.

---

[28] Marc, 16: 6.

LA SAINTE CÈNE

210.   La Sainte Cène a été instituée par le Seigneur, afin que par elle l'Église soit conjointe au ciel, et ainsi au Seigneur ; elle est donc la chose la plus sainte du culte.

211.   Mais ceux qui ne savent rien du sens interne ou spirituel de la Parole, ne comprennent pas comment, par la Sainte Cène, se fait la conjonction, car ils ne pensent pas au-delà du sens externe, qui est le sens de la lettre. D'après le sens interne ou spirituel de la Parole, on sait ce que signifient le corps et le sang, le pain et le vin, et également ce que signifie la manducation.

212.   Dans ce sens, le corps ou la chair du Seigneur, c'est le bien de l'amour ; il en est de même du pain ; et le sang du Seigneur, c'est le bien de la foi ; il en est de même du vin ; et la manducation est l'appropriation et la conjonction. Quand l'homme participe au sacrement de la Cène, les anges qui sont chez lui n'entendent pas autrement ces choses, car ils perçoivent tout spirituellement. Alors ce qu'il y a de saint dans l'amour et la foi influe des anges chez l'homme, ainsi du Seigneur par le ciel ; de là résulte la conjonction.

213.   D'après cela, on peut voir que quand l'homme prend le pain, qui est le corps, il est conjoint au Seigneur par le bien de l'amour envers Lui d'après Lui ; et que quand il prend le vin, qui est le sang, il Lui est conjoint par le bien de la foi en Lui d'après Lui. Mais il faut savoir que seuls ceux qui sont dans le bien de l'amour envers le Seigneur et de la foi en Lui, d'après Lui, peuvent Lui être conjoints par le sacrement de la Cène. Dans ce cas, par la Sainte Cène, il y a conjonction ; autrement, il y a présence, mais non conjonction.

214.   La Sainte Cène renferme et comprend en outre tout le culte divin institué dans l'Église Israélite ; car les holocaustes et les sacrifices, dans lesquels consistait principalement le culte de cette Église, étaient appelés d'un seul mot : « le pain ». Elle en est ainsi le complément.

LA RÉSURRECTION

223. L'homme a été créé de telle manière que, quant à son interne, il ne peut pas mourir. En effet, il peut croire en Dieu et aussi aimer Dieu ; par conséquent, Lui être conjoint par la foi et par l'amour. Or, être conjoint à Dieu, c'est vivre éternellement.

224. Cet interne est chez tout homme par naissance. L'externe est ce par quoi l'interne est à même d'accomplir en fait les choses qui appartiennent à la foi et à l'amour. L'interne est ce qui est appelé esprit, et l'externe ce qui est appelé corps. L'externe ou le corps a été adapté aux usages dans le monde naturel. L'homme le rejette, quand il meurt : mais l'interne ou l'esprit a été adapté aux usages dans le monde spirituel ; cet interne ne meurt pas. Il est alors un esprit bon ou un ange, si l'homme a été bon sur la terre ; un esprit mauvais, s'il a été mauvais.

225. Après la mort du corps, l'esprit de l'homme apparaît dans le monde spirituel dans une forme humaine, absolument comme dans le monde naturel : il y jouit aussi de la faculté de voir, d'entendre, de parler et de sentir comme dans le monde ; il possède à un haut degré toute faculté de penser, de vouloir et d'agir comme dans le monde. En un mot, c'est un homme quant à toute chose en général et en particulier, excepté qu'il n'est pas enveloppé de ce corps grossier qu'il avait dans le monde ; il l'abandonne en mourant et ne le reprend jamais.

226. C'est cette continuation de la vie qu'il faut entendre par la résurrection. Si les hommes croient qu'ils ne ressusciteront qu'au jugement dernier, quand doit aussi périr tout ce qu'il y a de visible dans le monde, c'est parce qu'ils n'ont pas compris la Parole ; c'est aussi parce que les hommes sensuels situent la vie dans le corps, et croient que si ce dernier ne devait pas revivre, c'en serait fait de l'homme.

227. La vie de l'homme, après la mort, est la vie de son amour et de sa foi. Par conséquent, sa vie demeure éternellement telle qu'a été son amour et telle qu'a été sa foi pendant qu'il vivait dans le monde. La vie de l'enfer est le partage

de ceux qui se sont aimés eux-mêmes et ont aimé le monde par-dessus toutes choses, et la vie du ciel le partage de ceux qui ont aimé Dieu par-dessus toutes choses et le prochain comme eux-mêmes. Ceux-ci ont la foi tandis que ceux-là n'en ont point. La vie du ciel est aussi appelée vie éternelle, et la vie de l'enfer, mort spirituelle.

228. Que l'homme vit après la mort, c'est ce qu'enseigne la Parole : par exemple, quand elle dit que Dieu est le Dieu, non pas des morts, mais des vivants [29] ; que Lazare, après la mort, a été élevé au ciel et le mauvais riche jeté en enfer [30] ; qu'Abraham, Isaac et Jacob sont au ciel [31] ; que Jésus a dit au larron : « Tu seras aujourd'hui avec moi dans le paradis [32]. »

---

[29] Matth., 22: 31-32.
[30] Luc, 16: 22-23 et suiv.
[31] Matth., 8: 11 ; 22: 31-32 ; Luc, 20: 37-38.
[32] Luc, 23: 43.

LE CIEL ET L'ENFER

230. Deux choses font la vie de l'esprit de l'homme : l'amour et la foi ; l'amour fait la vie de sa volonté ; et la foi celle de son entendement. L'amour du bien et par suite la foi du vrai font la vie du ciel ; l'amour du mal et par suite la foi du faux, celle de l'enfer.

231. L'amour envers le Seigneur et l'amour à l'égard du prochain font le ciel ; la foi aussi fait le ciel, mais dans la mesure seulement où, d'après ces amours, elle a en elle la vie ; et comme ces deux amours, et par suite la foi, proviennent du Seigneur, il est bien évident que le Seigneur fait le ciel.

232. Le ciel est chez tout homme selon qu'il reçoit du Seigneur l'amour et la foi ; et ceux qui, dans le monde, reçoivent du Seigneur le ciel, viennent dans le ciel après la mort.

233. Ce sont ceux qui ont le ciel en eux qui reçoivent du Seigneur le ciel, car le ciel est dans l'homme. C'est aussi ce que le Seigneur enseigne :
« On ne dira point du Royaume de Dieu : Voici, il est ici ; ou voici, il est là ! Car le Royaume de Dieu est au-dedans de vous [33]. »

234. Le ciel, chez l'homme, réside dans son interne et consiste à vouloir et à penser d'après l'amour et la foi ; de là il réside dans son externe, où il consiste à agir et à parler d'après l'amour et la foi. Mais il n'est point dans l'externe sans être dans l'interne ; car tous les hypocrites peuvent agir et parler bien, mais ne peuvent ni vouloir, ni penser ce qui est bien.

235. Quand un homme entre dans l'autre vie, ce qui arrive aussitôt après la mort, on voit clairement si, en lui, il y a le ciel ; mais il n'en est pas de même quand il vit dans le monde ; car, dans le monde, l'externe seul se montre et non l'interne ; mais, dans l'autre vie, l'interne se manifeste, puisqu'alors l'homme vit quant à l'esprit.

---

[33] Luc, 17 : 21.

236. La félicité éternelle, également appelée joie céleste, est à tous ceux qui sont dans l'amour et dans la foi envers le Seigneur, d'après le Seigneur. Cette joie est inhérente à cet amour et à cette foi. L'homme qui a le ciel en lui entre dans cette joie après la mort ; en attendant, elle reste cachée dans son interne. Dans les cieux, il y a une participation commune à tous les biens : la paix, l'intelligence, la sagesse et la félicité de tous y sont communiquées à autrui, mais dans la mesure toutefois où chacun reçoit du Seigneur l'amour et la foi. Par là, on voit claire-ment combien il y a de paix, d'intelligence, de sagesse et de félicité dans le ciel.

237. De même que l'amour envers le Seigneur et l'amour à l'égard du pro-chain font la vie du ciel chez l'homme, de même l'amour de soi et l'amour du monde, quand ils règnent, font la vie de l'enfer chez lui, car ces derniers amours sont opposés aux précédents. C'est pourquoi ceux chez qui règnent les amours de soi et du monde ne peuvent rien recevoir du ciel ; tout ce qu'ils reçoivent vient de l'enfer. En effet, tout ce que l'homme aime, et tout ce qu'il croit, vient ou du ciel ou de l'enfer.

238. L'homme chez qui règnent l'amour de soi et l'amour du monde, ne peut pas savoir ce qu'est le ciel, ni quelle en est la félicité. Il lui semble incroyable qu'il y ait de la félicité dans d'autres amours que dans ceux-là, alors qu'il n'entre de félicité céleste dans l'homme que dans la mesure où il éloigne ces amours comme fins ; quand ceux-ci ont été éloignés, la félicité qui les remplace est si grande, qu'elle surpasse tout ce que l'homme peut concevoir.

239. Après la mort, la vie de l'homme ne peut être changée. Elle reste alors telle qu'elle a été ; car l'esprit de l'homme est entièrement tel qu'est son amour, et l'amour infernal ne peut être transformé en un amour céleste, puisque ces amours sont opposés. Tel est le sens des paroles d'Abraham au riche en enfer :

« Il y a entre nous et vous un gouffre immense, de sorte que ceux qui vou-draient passer d'ici vers vous, ou de là vers nous, ne peuvent le faire[34]. »

De là, il est évident que ceux qui vont en enfer y restent éternellement et que ceux qui vont au ciel y demeurent pour l'éternité.

---

[34] Luc, 16 : 26.

L'ÉGLISE

241.   Ce qui fait le ciel chez l'homme, fait aussi l'Église, car de même que l'amour et la foi font le ciel, de même ils font l'Église. D'après ce qui vient d'être dit du ciel, on peut donc voir ce qu'est l'Église.

242.   Par définition, l'Église est là où le Seigneur est reconnu, et où il y a la Parole ; car les essentiels de l'Église sont l'amour et la foi envers le Seigneur, d'après Lui, et la Parole enseigne comment l'homme doit vivre pour qu'il reçoive du Seigneur l'amour et la foi.

243.   Pour que l'Église existe, il faut qu'il y ait une doctrine d'après la Parole puisque, sans doctrine, la Parole n'est point comprise. Mais la doctrine seule ne fait point l'Église chez l'homme ; c'est la vie selon la doctrine qui la fait. Il s'ensuit que ce qui fait l'Église, c'est la vie de la foi, qui est la charité, et non, la foi seule. La doctrine réelle est la doctrine de la charité en même temps que celle de la foi et non la doctrine de la foi sans celle de la charité ; car la doctrine de la charité, en même temps que celle de la foi, est la doctrine de la vie, mais il n'en est pas de même de la doctrine de la foi sans celle de la charité.

244.   Ceux qui sont hors de l'Église, mais qui cependant reconnaissent un seul Dieu et qui, en vertu de leurs principes religieux, vivent dans une sorte de charité à l'égard du prochain, sont en communion avec ceux qui sont de l'Église, parce que nul homme qui croit en Dieu et vit bien n'est damné. De là, il est évident que l'Église du Seigneur est partout sur le globe entier, quoiqu'elle soit spécialement là où le Seigneur est reconnu, et où il y a la Parole.

245.   Tout homme en qui il y a l'Église est sauvé ; mais tout homme en qui l'Église n'est point est condamné.

L'ÉCRITURE SAINTE OU LA PAROLE

249.   Sans une révélation procédant du Divin, l'homme ne peut rien savoir de la vie éternelle, ni même de Dieu, ni à plus forte raison de l'amour et de la foi envers Dieu. En effet, l'homme naît dans une ignorance complète et c'est au moyen des choses du monde qu'il doit apprendre tout ce qui est nécessaire à la formation de son entendement. En outre, et par le fait de son hérédité, il naît aussi dans tout le mal qui découle de l'amour de soi et du monde. Il est continuellement dominé par les plaisirs qui en proviennent et qui lui suggèrent des choses qui sont diamétralement opposées au Divin. C'est pourquoi l'homme, par lui-même, ne sait rien de la vie éternelle et, en conséquence, pourquoi il est indispensable qu'il y ait une révélation par laquelle il puisse en être instruit.

250.   On peut voir clairement que les maux de l'amour de soi et du monde produisent une telle ignorance des choses qui appartiennent à la vie éternelle, quand on considère le cas de toutes les personnes au sein de l'Église, tant parmi les érudits que parmi ceux qui ne le sont pas, qui tout en sachant par la révélation qu'il y a un Dieu, un ciel et un enfer, et qu'il y a une vie éternelle à laquelle on accède par le bien de l'amour et de la foi, n'en sont pas moins arrivés à nier toutes ces choses. Ceci montre une fois de plus combien grande serait l'ignorance relativement à tous ces sujets, s'il n'y avait aucune révélation.

251.   Donc, puisque l'homme vit pour l'éternité après la mort, et que sa vie est alors entièrement telle qu'est son amour et sa foi, il s'ensuit que, par amour pour le genre humain, le Divin a révélé les choses qui doivent conduire à cette vie et contribuer au salut de l'homme. Ce que le Divin a révélé est chez nous la Parole.

252.   Comme la Parole est une révélation procédant du Divin, elle est divine dans toutes et dans chacune des choses qui la composent, car ce qui procède du Divin ne peut être autrement que divin. Comme d'autre part, ce qui procède du Divin descend par les cieux jusqu'à l'homme, il s'ensuit que, dans les cieux, la Parole a été adaptée à la sagesse des anges, tandis que, sur terre, elle l'a été à la compréhension des hommes. Elle contient donc un sens interne qui est spirituel,

à l'usage des anges, et un sens externe qui est naturel, à l'usage des hommes. Il en résulte que la Parole est le moyen de conjonction du ciel avec l'homme.

253. Le sens réel de la Parole n'est saisi que par ceux qui ont été éclairés par le Seigneur ; et seuls sont éclairés ceux qui sont dans l'amour et dans la foi envers le Seigneur ; car leur nature intérieure est élevée par le Seigneur jusque dans la lumière du ciel.

254. La Parole, dans la lettre, ne peut être saisie qu'au moyen d'une doctrine qui en est tirée par un homme éclairé ; car le sens de la lettre a été adapté à la conception des hommes même simples ; c'est pourquoi la doctrine tirée de la Parole leur servira de flambeau.

LA PROVIDENCE

267. On appelle Providence le gouvernement du Seigneur dans les cieux et dans les terres. Or, comme c'est du Seigneur que procèdent tout bien qui appartient à l'amour et tout vrai qui appartient à la foi (au moyen desquels le salut s'opère), et qu'il n'en vient absolument rien de l'homme, la Divine Providence du Seigneur est dans toutes et dans chacune des choses qui contribuent au salut du genre humain. Le Seigneur l'enseigne en ces termes dans Jean :

« Je suis le Chemin, la Vérité et la Vie [35] » ; et ailleurs :

« Comme le sarment ne peut porter de fruit par soi-même, s'il ne demeure attaché au cep, de même vous non plus, si vous ne demeurez en Moi ; car sans Moi vous ne pouvez rien faire [36]. »

268. La Divine Providence du Seigneur s'étend aux plus petits détails de la vie de l'homme, car il n'y a qu'une seule source de vie : le Seigneur, par qui nous sommes, nous vivons et nous agissons.

269. Ceux qui pensent à la Divine Providence d'après les choses du monde en concluent qu'elle ne s'étend qu'aux généralités et que les détails dépendent de l'homme ; mais ils ignorent tout des arcanes du ciel et se basent uniquement sur les amours de soi et du monde et sur les voluptés qui en découlent pour arriver à une telle conclusion. Voient-ils les méchants s'élever aux honneurs, acquérir plus de richesses que les bons, les voient-ils réussir dans leurs artifices, aussitôt ils disent dans leur cœur qu'il n'en serait pas ainsi si la Divine Providence s'étendait à toutes choses, y compris les particulières. Mais ils penseraient autrement s'ils considéraient que la Providence Divine a en vue non ce qui n'a qu'une durée éphémère et prend fin avec la vie de l'homme dans le monde, mais ce qui demeure éternellement, par conséquent ce qui n'a point de fin ; ce qui n'a point de fin, cela « est » ; mais ce qui a une fin, cela relativement « n'est » point. Que celui qui le peut considère si cent mille ans sont quelque chose en comparaison de l'éternité, et il percevra qu'ils ne sont rien. Que sont alors quelques années de vie dans le monde ?

---

[35] Jean, 14: 6.
[36] Jean, 15: 4-5.

270.   Quiconque examine attentivement ces choses peut savoir que la prééminence et l'opulence dans le monde ne sont point de réelles bénédictions divines — quoique l'homme, par l'agrément qu'il y trouve, les appelle ainsi — car elles passent et séduisent beaucoup de personnes, et les détournent du ciel. Les réelles bénédictions qui procèdent du Divin sont la vie éternelle et sa félicité ; c'est même ce que le Seigneur enseigne dans Luc :

« Amassez-vous... un trésor dans les cieux, qui ne s'épuise pas, où le voleur n'approche point, et où la teigne ne corromp point ; car là où est votre trésor, là aussi sera votre cœur[37]. »

271.   Si les méchants réussissent dans leurs artifices, c'est parce qu'il est conforme à l'ordre Divin que chacun agisse d'après sa raison et son libre arbitre. Car, s'il n'était pas laissé à l'homme d'agir conformément à sa raison et d'après son libre arbitre et si les artifices auxquels il peut ensuite recourir n'étaient voués à l'insuccès, l'homme ne pourrait nullement être mis en état de recevoir la vie éternelle, vie qui ne pénètre en lui que s'il est dans un état libre et que si sa raison est éclairée. En effet, personne ne peut être contraint au bien, parce que rien de ce qui est imposé à l'homme par contrainte ne s'attache à lui, puisque cela ne vient pas de lui. Ne devient, en effet, partie intégrante de l'homme que ce qu'il fait librement d'après sa raison et il fait librement ce qui vient de sa volonté ou de son amour, car la volonté ou l'amour, c'est l'homme même. Si l'homme était contraint de faire ce qu'il ne veut pas, néanmoins il inclinerait toujours en intention vers ce qu'il veut. De plus, chacun tend à ce qui est défendu pour la raison cachée qu'il tend à la liberté ; de là, il est évident que si l'homme n'était pas maintenu dans un état de liberté, il ne pourrait être pourvu à son bien.

272.   Laisser l'homme, en vertu de son libre arbitre, vouloir, et, autant que les lois ne le défendent pas, faire le mal, cela est appelé *« permettre »*.

273.   Quand, par son habileté, l'homme parvient aux félicités de ce monde, il a l'impression qu'il le doit à sa propre prudence ; toujours est-il qu'il ne peut rien faire sans la permission de la Divine Providence qui l'accompagne sans cesse et s'efforce continuellement de le détourner du mal ; mais lorsqu'il est conduit vers les félicités du ciel, l'homme sait et perçoit que cela provient non de sa propre prudence, mais du Seigneur, et que c'est l'œuvre de la Divine Providence qui dispose et conduit continuellement au bien.

---

[37] Luc, 1 : 2 : 33-34.

274.   L'homme, d'après la lueur naturelle, est incapable de saisir qu'il en soit ainsi, car cette lueur ne peut lui révéler les lois de l'ordre divin.

275.   Il faut qu'on sache qu'il y a «Providence» et «Prévoyance». Le Seigneur «pourvoit» au bien tandis qu'Il «prévoit» le mal. Ces deux choses vont forcément de pair, car ce qui vient de l'homme n'est rien autre que le mal et ce qui vient du Seigneur n'est rien autre que le bien.

LE SEIGNEUR

280. Dieu est Un ; il est le Créateur et le Préservateur de l'univers, par conséquent le Dieu du ciel et de la terre.

281. Deux choses font la vie du ciel chez l'homme : le bien de l'amour et le vrai de la foi. L'homme reçoit cette vie de Dieu ; il n'en vient absolument rien de lui-même. C'est pourquoi ce qui importe le plus pour l'Église, c'est de reconnaître Dieu, croire en Lui et L'aimer.

282. Ceux qui sont nés au sein de l'Église doivent reconnaître le Seigneur, son Divin et son Humain, croire en Lui et L'aimer, car c'est de Lui que vient le salut. Le Seigneur l'enseigne dans Jean :

« Celui qui croit au Fils a la vie éternelle ; mais celui qui ne croit pas au Fils ne verra point la vie, mais la colère de Dieu demeure sur lui [38]. »

Et plus loin :

« C'est la volonté de Celui qui M'a envoyé, que quiconque voit le Fils et croit en Lui, ait la vie éternelle et je le ressusciterai au dernier jour [39]. »

Et enfin :

« Je suis la résurrection et la vie ; celui qui croit en Moi, vivra quand même il serait mort. Quiconque vit et croit en Moi ne mourra point à jamais [40]. »

283. Ceux donc qui, au sein de l'Église, ne reconnaissent point le Seigneur, ni son Divin, ne peuvent être conjoints à Dieu, ni par conséquent avoir part en aucune manière au sort des anges dans le ciel ; en effet, personne ne peut être conjoint à Dieu si ce n'est par le Seigneur et dans le Seigneur.

Que personne ne puisse être conjoint à Dieu si ce n'est par le Seigneur, c'est ce que le Seigneur Lui-même enseigne dans Jean :

« Personne n'a jamais vu Dieu ; l'unique engendré Fils qui est dans le sein du Père, est Celui qui L'a fait connaître [41]. »

---

[38] Jean, 3 : 36.
[39] Jean, 6 : 40.
[40] Jean, 11 : 25-26.
[41] Jean, 1 : 18.

«Vous n'avez jamais entendu la voix du Père et vous n'avez point vu sa face [42].»

Dans Matthieu:

«Personne ne connaît le Père, si ce n'est le Fils et celui à qui le Fils veut Le révéler [43]»;

A nouveau dans Jean:

«Je suis le Chemin, la Vérité et la Vie; nul ne vient au Père que par Moi [44].»

Si personne ne peut être conjoint à Dieu que dans le Seigneur, c'est parce que le Père est en Lui et qu'Ils sont un, comme on peut le voir aussi dans Jean:

«Si vous M'aviez connu, vous auriez aussi connu Mon Père... Celui qui M'a vu a vu le Père... Philippe, ne crois-tu pas que je suis dans le Père et que le Père est en Moi? Croyez-Moi, je suis dans le Père et le Père est en Moi [45].»

Et dans le même:

«Le Père et Moi, nous sommes un... Afin que vous sachiez et que vous croyiez que je suis dans le Père et que le Père est en Moi [46].»

284.   Puisque le Père est dans le Seigneur, et que le Père et le Seigneur sont un, et puisqu'il faut croire en Lui, et que celui qui croit en Lui a la vie éternelle, il est bien évident que le Seigneur est Dieu. C'est d'ailleurs ce qu'enseigne la Parole, par exemple dans Jean:

«Au commencement était la Parole, et la Parole était chez Dieu et *Dieu était la Parole.* Toutes choses ont été faites par elle, et rien de ce qui a été fait n'a été fait sans elle. Et la *Parole a été faite chair,* et elle a habité parmi nous, et nous avons vu sa gloire, gloire comme celle de l'unique-engendré du Père [47].»

Dans Esaïe:

«Un enfant nous est né, un Fils nous est donné; la domination reposera sur son épaule; on l'appellera Admirable, Conseiller, Dieu Puissant, *Père d'Éternité,* Prince de Paix [48].

Et encore dans le même:

---

[42] Jean, 5: 37.
[43] Matth., 11: 27.
[44] Jean, 14: 6.
[45] Jean, 14: 7-11.
[46] Jean, 10: 30, 38.
[47] Jean, 1: 1, 3, 14.
[48] Esaïe, 9: 5.

« Voici, une vierge deviendra enceinte ; elle enfantera un fils, et on lui donnera le nom de *Dieu avec* nous[49]. »

Et dans Jérémie :

« Voici les jours viennent où je susciterai à David un germe juste, qui régnera en roi et prospérera... et voici le nom dont on l'appellera : *Jéhovah notre Justice*[50]. »

285.   Tous ceux qui sont de l'Église et dans la lumière qui procède du ciel, voient le Divin dans le Seigneur ; mais ceux qui ne sont point dans la lumière du ciel, ne voient dans le Seigneur que l'Humain, alors que cependant le Divin et l'Humain ont été tellement unis en Lui, qu'ils sont un, comme le Seigneur aussi l'a enseigné dans Jean :

« Père, tout ce qui est à Moi est à Toi, et tout ce qui est à Toi est à Moi[51]. »

286.   On sait dans l'Église que le Seigneur a été conçu de Jéhovah le Père et qu'ainsi Il était Dieu par conception ; on sait aussi qu'Il est ressuscité avec tout son corps, car Il n'a rien laissé dans le sépulcre. Il en a d'ailleurs donné ensuite la confirmation à ses disciples, en disant :

« Voyez mes mains et mes pieds, c'est bien Moi ; touchez-Moi et voyez, car un esprit n'a ni chair, ni os, comme vous voyez que J'ai[52]. »

Et quoiqu'Il fût homme en chair et en os, néanmoins Il entra dans le lieu où ils se trouvaient, les portes étant fermées ; et après qu'Il se fut manifesté, Il devint invisible[53]. Il n'en est pas de même pour l'homme : celui-ci ressuscite quant à l'esprit seulement et non quant au corps ; c'est pourquoi le Seigneur, en déclarant qu'Il n'était pas comme un esprit, affirmait qu'Il n'était pas comme un autre homme. De là il est évident que, dans le Seigneur, l'Humain aussi est Divin.

287.   Tout homme tient de son père l'être de sa vie, qui est appelé son âme ; l'exister de la vie qui en provient est ce qui est appelé corps ; c'est pourquoi le corps est l'effigie de l'âme, car, au moyen du corps, l'âme dirige sa vie à son gré. C'est la raison pour laquelle l'homme, par naissance, ressemble à ses parents et les familles se distinguent les unes des autres. D'après cela, on peut voir quel a

---

[49] Esaïe, 7: 14.   Matthieu 1.   23.
[50] Jérém., 23: 5-6 ; 33: 15-16.
[51] Jean, 17: 10.
[52] Luc, 24: 39.
[53] Jean, 20: 19, 26 ; Luc, 24: 31.

été le corps ou l'Humain du Seigneur, à savoir qu'il a été comme le Divin même, qui était l'être de sa vie ou l'âme provenant du Père ; aussi a-t-Il dit :

« Qui me voit, voit le Père [54] »

288.   Que le Divin et l'Humain du Seigneur soient une seule personne, cela est manifeste d'après la foi généralement acceptée dans l'ensemble du monde chrétien, foi énoncée en ces termes :

« Quoique Christ soit Dieu et Homme, cependant Il n'est pas deux, mais un seul Christ ; Il est même absolument un et une seule personne ; car de même que le corps et l'âme sont un seul homme, de même aussi Dieu et Homme est un seul Christ. »

Ces paroles sont tirées du Symbole d'Athanase.

289.   L'idée d'une Divinité composée de trois personnes est incompatible avec l'idée d'un seul Dieu ; bien que des lèvres on dise « un », toujours est-il qu'on pense « trois ». Mais si l'on se fait de la Divinité l'idée de trois dans une seule personne, alors on peut avoir l'idée d'un seul Dieu et ainsi non seulement dire, mais penser « un seul Dieu ».

290.   On a l'idée de trois dans une seule personne, quand on pense que le Père est dans le Seigneur, et que l'Esprit Saint procède de ce dernier. Alors, le trine dans le Seigneur est le Divin-même appelé Père, le Divin-Humain appelé Fils, et le Divin procédant appelé Esprit Saint.

291.   Puisque tout le Divin est en Lui, le Seigneur a tout pouvoir dans les cieux et sur la terre. C'est aussi ce qu'Il enseigne Lui-même dans Jean :

« Le Père a remis toutes choses en la main du Fils [55]. » Et encore :

« Le Père a donné au Fils pouvoir sur toute chair [56]. »

Puis, dans Matthieu :

« Toutes choses M'ont été livrées par le Père [57]. »

Et, dans le même :

« Tout pouvoir M'a été donné dans le ciel et sur la terre [58]. »

Un tel pouvoir, c'est le Divin.

[54] Jean, 1, 4: 9.
[55] Jean, 3: 35.
[56] Jean, 17: 2.
[57] Matth., 11: 27.
[58] Matth., 28: 18.

292.   Ceux qui assimilent l'Humain du Seigneur à l'humain d'un autre homme ne tiennent pas compte du fait qu'Il a été conçu par le Divin-Même : ils ne prennent pas en considération que le corps de chacun est l'effigie de son âme. Ils oublient d'autre part que le Seigneur est ressuscité avec tout son corps et que, pendant sa transfiguration, les disciples virent sa face resplendir comme le soleil. De même, ils ne conçoivent pas que les choses que le Seigneur a dites concernant la foi en Lui, Son union avec le Père, Sa glorification, Son pouvoir sur le ciel et sur la terre, sont des choses divines et qu'elles ont été dites de son Humain. Ils ne leur souvient pas davantage que le Seigneur est omniprésent, même quant à l'Humain [59] et que c'est de là que découle la foi en sa Toute-Présence dans la Sainte-Cène ; or, la Toute-Présence est Divine. Peut-être même leur échappe-t-il que le Divin, qui est appelé Esprit Saint, procède de Son Humain glorifié. En effet, il est dit :

« L'Esprit Saint n'était pas encore, parce que Jésus n'avait pas encore été glorifié [60]. »

293.   Le Seigneur est venu dans le monde pour sauver le genre humain, qui autrement eût péri d'une mort éternelle. Il a effectué ce salut en subjuguant les enfers qui infestaient tout homme venant au monde et sortant du monde ; et en même temps en glorifiant son Humain ; car Il peut ainsi tenir les enfers éternellement subjugués. La subjugation des enfers, en même temps que la glorification de son Humain, ont été effectuées par les tentations qu'Il admit dans l'Humain hérité d'une mère et par les victoires continuelles qu'Il remporta. Sa passion sur la croix fut la dernière tentation en même temps que la victoire complète.

294.   Que le Seigneur ait subjugué les enfers, Lui-Même l'enseigne dans Jean. Quand la Passion de la croix fut proche, Jésus dit :

« C'est maintenant qu'a lieu le jugement de ce monde ; *maintenant le Prince de ce monde sera jeté dehors* [61]. »

Dans le même :

« Ayez confiance ; Moi, *j'ai vaincu le monde* [62]. »

Et dans Esaïe :

« Qui est celui-ci qui vient d'Edom... s'avançant dans la plénitude de sa force ?

---

[59] Matth., 28 : 20.
[60] Jean, 7 : 39.
[61] Jean, 12 : 31.
[62] Jean, 16 : 33.

Grand pour sauver... Mon bras m'a procuré le salut... c'est pourquoi il est devenu pour eux un Sauveur[63]. »

Qu'Il ait glorifié son Humain, et que la Passion de la croix ait été la dernière tentation et la complète victoire par laquelle Il a été glorifié, le Seigneur l'enseigne aussi dans Jean :

« Après que Judas fut sorti, Jésus dit : Maintenant le Fils de l'homme est glorifié... et Dieu Le glorifiera en Lui-Même, et à l'instant Il Le glorifiera[64]. »

Dans le même :

« Père ! L'heure est venue, glorifie ton Fils, afin que ton Fils Te glorifie aussi[65]. »

« Maintenant mon âme est troublée... Père, glorifie ton Nom... Et une voix se fit entendre du ciel : je l'ai glorifié, et je leglorifierai encore[66]. » Dans Luc :

« Ne fallait-il pas que le Christ souffrît toutes ces choses, et qu'Il entrât dans sa gloire[67] ! »

Ces choses ont été dites de sa Passion : Glorifier, c'est rendre Divin. De là donc, il est évident que si le Seigneur ne fût venu dans le monde, s'Il n'eût été fait homme, et, par ce moyen, n'eût délivré de l'enfer tous ceux qui croient en Lui et qui L'aiment, aucun mortel n'aurait pu être sauvé. C'est ainsi que doit être comprise l'affirmation que, sans le Seigneur, il n'y a point de salut.

295. Quand le Seigneur glorifia pleinement son Humain, Il dépouilla l'humain provenant de la mère et revêtit l'Humain provenant du Père, qui est le Divin Humain ; ainsi, Il ne fut alors plus le fils de Marie.

296. Pour toute Église, la première des choses et aussi la plus importante, c'est de connaître et reconnaître son Dieu ; car sans une telle connaissance et reconnaissance, aucune conjonction avec Lui n'est possible. C'est ainsi que, dans l'Église chrétienne, il n'y aurait point de conjonction avec le Seigneur, si le Seigneur n'était reconnu. Lui-même l'enseigne dans Jean :

« Celui qui croit au Fils a la vie éternelle ; mais celui qui ne croit pas au Fils ne verra point la vie, mais la colère de Dieu demeure sur lui[68]. »

---

[63] Esaïe, 63 : 1-19 ; 59 : 16-21.
[64] Jean, 13 : 31-32.
[65] Jean, 17 : 1, 5.
[66] Jean, 12 : 27-28.
[67] Luc, 24 : 26.
[68] Jean, 3 : 36.

Et ailleurs :

« Si vous ne croyez pas que Moi je suis, vous mourrez dans vos péchés [69]. »

297.   Qu'il y ait dans le Seigneur un Trine, à savoir : le Divin-même, le Divin-Humain et le Divin procédant, c'est là un arcane venant du ciel, à l'intention de ceux qui seront dans la Sainte Jérusalem.

---

[69] Jean, 8 : 24.

LE GOUVERNEMENT
ECCLÉSIASTIQUE ET CIVIL

311. Chez les hommes, deux sortes de choses doivent être dans l'ordre, savoir les choses du ciel et celles du monde : Celles qui concernent le ciel sont appelées choses ecclésiastiques ; celles qui concernent le monde, choses civiles.

312. L'ordre ne peut être maintenu dans le monde sans qu'il y ait des chefs chargés d'exercer une surveillance sur toutes choses, qu'elles soient faites conformément à l'ordre ou contre l'ordre, de récompenser ceux qui vivent conformément à l'ordre et de punir ceux qui l'enfreignent. Si cela ne se fait pas, le genre humain périra ; car tout homme naît avec des penchants héréditaires qui le poussent à vouloir commander aux autres et à s'emparer de leurs richesses. De là découlent les inimitiés, les envies, les haines, les vengeances, les fourberies, les cruautés et plusieurs autres maux. C'est pourquoi, si les hommes n'étaient pas liés par des lois, accompagnées, pour ceux qui font le bien, de récompenses qui flattent leurs amours, telles que des honneurs et des profits, et, pour ceux qui font le mal, de punitions qui contrarient ces amours, telles que la perte des honneurs, des possessions, voire de la vie, le genre humain périrait.

313. Par conséquent, il faut des chefs qui maintiennent l'ordre dans les collectivités humaines. Ce seront des hommes experts dans les lois, remplis de sagesse et ayant la crainte de Dieu. Il y aura aussi parmi ces chefs un ordre de rang, de peur qu'aucun d'eux, par bon plaisir ou par ignorance, ne permette des maux qui soient contraires à l'ordre, et par conséquent ne le détruise. Ceci est évité quand il y a des chefs supérieurs et des chefs inférieurs, et qu'il existe entre eux une subordination.

314. Les chefs préposés aux choses qui, parmi les hommes, concernent le ciel, c'est-à-dire aux choses ecclésiastiques, sont appelés prêtres ; leur fonction est le sacerdoce. Ceux préposés à celles qui concernent le monde, ou choses civiles, sont appelés magistrats ; le premier d'entre eux, dans les pays où la forme du gouvernement le permet, est appelé roi.

315.   Quant à ce qui concerne les prêtres, ils ont pour devoir d'enseigner aux hommes le chemin qui mène au ciel, et de leur servir de guides ; ils les instruiront conformément à la doctrine de leur Église d'après la Parole, et les guideront pour qu'ils vivent selon cette doctrine. Les prêtres qui enseignent les vrais, et qui par ces vrais conduisent au bien de la vie, et par conséquent au Seigneur, sont les bons pasteurs des brebis ; mais ceux qui enseignent et ne conduisent pas au bien de la vie, ni par conséquent au Seigneur, sont de mauvais pasteurs.

316.   Les prêtres ne s'arrogeront aucun pouvoir sur les âmes des hommes, parce qu'ils ne savent pas dans quel état sont les intérieurs de l'homme ; à plus forte raison, ne s'arrogeront-ils pas le pouvoir d'ouvrir ou de fermer le ciel, puisque ce pouvoir appartient au Seigneur seul.

317.   On respectera et honorera les prêtres à cause des choses saintes qu'ils administrent. Mais ceux d'entre eux qui sont sages attribueront l'honneur au Seigneur, de qui procèdent les choses saintes. Ceux, au contraire, qui ne sont point sages, s'attribuent l'honneur et le dérobent ainsi au Seigneur. Ceux qui s'attribuent l'honneur à cause des choses saintes qui appartiennent à leurs fonctions, préfèrent l'honneur et le gain au salut des âmes auquel ils doivent veiller ; mais ceux qui attribuent l'honneur au Seigneur et non à eux-mêmes, préfèrent le salut des âmes à l'honneur et au gain. L'honneur d'une fonction n'a pas trait à la personne qui en est investie ; il lui est adjoint en vertu de la dignité de la chose qu'elle administre ; or, ce qui n'est qu'adjoint n'appartient pas à la personne, et même s'en retire en même temps que la fonction cesse. L'honneur qui appartient à la personne (indépendamment de toute fonction) c'est l'honneur de la sagesse et de la crainte du Seigneur.

318.   Les prêtres instruiront les hommes et, par les vrais, les conduiront au bien de la vie. Néanmoins, ils ne contraindront personne, puisque nul ne peut être contraint à croire le contraire de ce qu'il est arrivé à considérer du fond du cœur comme vrai. Celui qui ne croit pas comme le prêtre et ne cause pas de troubles, sera laissé en paix ; mais celui qui cause des troubles sera séparé ; cela aussi relève de l'ordre pour lequel le sacerdoce a été établi.

319.   De même que les prêtres ont été préposés pour administrer ce qui concerne la Loi divine et le culte, de même les rois et les magistrats l'ont été pour administrer ce qui concerne la loi civile et la justice.

320.	Comme le roi, seul, ne peut administrer toutes choses, il a sous ses ordres des chefs, à chacun desquels a été confiée la charge d'administrer ce qu'il n'a pas la possibilité ou n'est pas en mesure d'administrer lui-même. Ces chefs, pris ensemble, constituent la royauté, mais le roi lui-même est le chef suprême.

321.	La royauté elle-même n'est pas inhérente à la personne ; elle lui est adjointe. Le roi qui croit que la royauté est inhérente à sa personne, et le chef qui croit que la dignité de sa fonction est inhérente à sa personne, ne sont point sages.

322.	La royauté consiste à gouverner un royaume selon ses lois, et d'après elles à juger avec justice. Le roi qui place les lois au-dessus de lui, est sage ; mais le roi qui se considère comme au-dessus des lois n'est point sage. Le roi qui met les lois au-dessus de lui place la royauté dans la loi, et cette dernière domine sur lui ; car il sait que la loi est la justice et que toute vraie justice est divine. Mais celui qui regarde les lois comme étant au-dessous de lui, place la royauté en lui-même, et croit ou qu'il est lui-même la loi, ou que la loi, qui est la justice, vient de lui. De là, il s'arroge ce qui est divin, alors qu'il doit être au-dessous du divin.

323.	La loi, qui est la justice, sera établie dans le royaume par des hommes experts dans les lois, sages et craignant Dieu. Le roi et ses sujets y conformeront leur vie. Le roi qui vit selon la loi établie et qui en ceci donne le premier l'exemple à ses sujets, est vraiment un roi.

324.	Le roi qui possède un pouvoir absolu et qui considère que ses sujets sont à tel point ses esclaves qu'il a le droit de disposer à sa guise de leurs biens et de leur vie, et qui agit en conséquence, n'est pas un roi, mais un tyran.

325.	On doit obéir au roi selon les lois du royaume et ne l'outrager en aucune manière, ni en actes, ni en paroles ; la sécurité publique en dépend.

Table des matières